Introduction to Deep Learning with Python

ディープラーニング入門

Pythonではじめる金融データ解析

津田博史 [監修]

嶋田康史 [編著]

鶴田　大
藤原　暢
河合竜也 [著]

朝倉書店

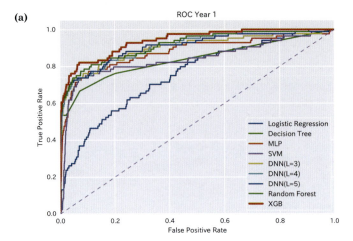
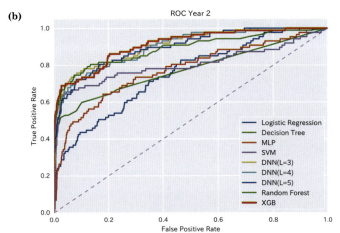
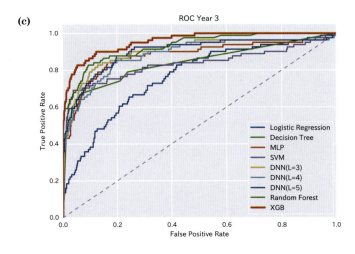

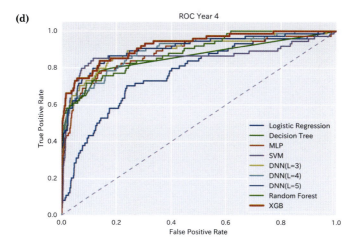

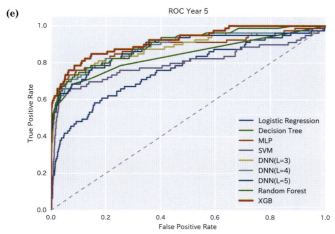

口絵 1　9 モデルによる ROC 曲線〔本文 p.95〜99，図 4.7〜4.11〕
　　　左ページ (a) 1 年目，(b) 2 年目，(c) 3 年目
　　　右ページ (d) 4 年目，(e) 5 年目
各画像右下の凡例は上から，ロジスティック回帰，決定木，多層パーセプトロン，サポートベクターマシン，DNN (3 層)，DNN (4 層)，DNN (5 層)，ランダムフォレスト，ブースティング木である．

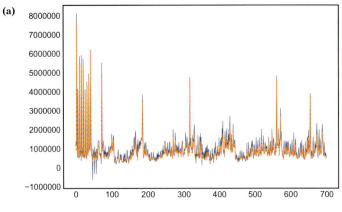
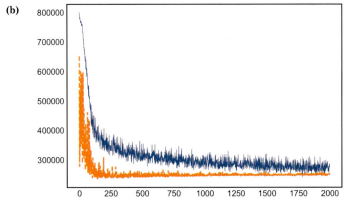
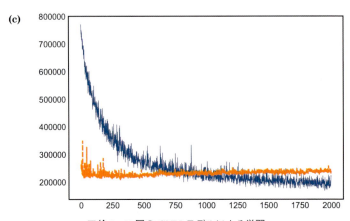

口絵 2　5 層の CNN モデルによる学習

(a) 当日モデルの訓練データへのフィッティング状況 (2,000 エポック，円)〔本文 p.174, 図 5.31〕
実線 (青) が非金利収入の実績，点線 (橙) はモデルの推定値.
(b) 当日モデル平均誤差の推移，(c) 前日モデル平均誤差の推移〔本文 p.178, 図 5.36, 5.37〕
実線 (青) が訓練誤差，点線 (橙) が検証誤差.

まえがき

　数年前までは半信半疑という評価も根強くあった人工知能 (AI) が，いまや筆者の周囲の反応を見ても，「人工知能が使われているほうが信頼できる」，「へたに人間がやるより優秀」というように評価が逆転している感がある．それらがコンピュータ機器の演算処理能力とオープンソースライブラリの進化によってもたらされたことはいうまでもないが，データ・サイエンティストたちが成し遂げてきた多種多様な実績を目のあたりにし，社会が認知せざるをえない状況になってきた証でもあろう．

　FinTech シリーズの既刊『FinTech イノベーション入門』[1] において，FinTechの新機軸を Python による実例をまじえて紹介した．本書はいわばその続編であり，『FinTech イノベーション入門』で解説されている機械学習やディープラーニングについてより詳しく知り，自身で実践してみたいという初学者の役に立つ本として企画された．ディープフォレスト，勾配ブースティングなどの強力な機械学習や DNN，CNN に代表されるディープラーニングについて，オリジナルデータも含め具体的な実践手法を Python のプログラムコードつきで紹介している．これらを身近なモデリングのツールとして習得するために，わかりやすい素材を例示することに重点を置いた．それにより十分なデータ量がなく，過学習の傾向が否めないものも含まれていることを承知いただきたい．付録として，読者のパソコンでディープラーニングをセットアップできるよう Mac (macOS)，Windows，Linux などさまざまな OS 環境に対応したインストールガイドも完備した (図 0.1)．

　Python 上で Keras を使い TensorFlow などを動かすことでディープラーニングが手軽に実践でき，ありがたくもそれらはすべてフリーソフトウェアである．

　Python による機械学習やディープラーニングについては，多くのよい解説書が出ている．TensorFlow[2] や Keras[3] のウェブサイトや，Keras の開発者である

まえがき

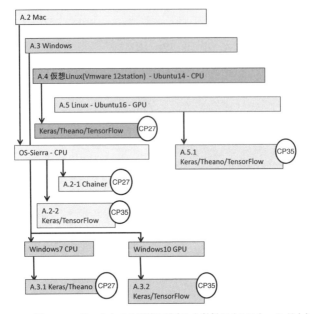

図 0.1　いろいろな OS 環境に対応した付録のインストールガイド

Chollet 氏の GitHub[4] のライブラリーはさまざまなソースコード例を掲載していて参考になる．また，UCI[5] と Kaggle[6] などのウェブサイトは機械学習用にデータを公開している．特に Kaggle は機械学習のコンペティションを主催しており，企業側からリアルなデータが公開されているので，より実践的な研究をしたい向きにおすすめである．

共著陣の主たる執筆分担は次の通りである．
　鶴田大　　2.2，3.1～3.3，A.3
　藤原暢　　2.1，4.1～4.4，A.2，A.5
　河合竜也　4.3，A.2，コラム
　嶋田康史　1.1，1.1.2，5.1～5.3，A.1，A.3，A.4，B

もう何年も前のことであるが，筆者が Python という言葉を初めて聞いたのは本シリーズの監修者である日本金融・証券計量・工学学会 (JAFEE) 前会長，津田

博史先生からである．今や Python は機械学習の分野で最も注目されている言語の１つである．津田先生の先見性にはまことに頭が下がるが，このことは一例にすぎず，振り返ってみれば津田先生から現代の金融や経済を取り巻く課題やその解決につながる実にさまざまな情報や知見をいただいてきたように思う．そのどれもが Python 同様に大きく社会を変える可能性があるものであるはずだが，言い訳ばかりで十分に取り組めていないという自省の念にかられるばかりである．それにもかかわらず，寛容な津田先生からは本書の監修ならびに励ましはもとより，FinTech に関する多くの具体的な示唆をいただいた．筆者らは銀行のリスク管理や市場業務などに携わり，ディープラーニングなど機械学習の技術を金融の実務にどのように応用していけばよいかを考えなければならない立場にある．それゆえユーザーとしての視点から機械学習やディープラーニングの拡張性，あるいはその限界について見つめ考えることができるのではないかと浅学を顧みず執筆したものである．金融関係者のみならず，広く Python と FinTech 技術の橋渡しの役割を果たすような本となることを念願したものの，不勉学と誤解のために思わぬ誤りが多々あるかもしれず，その際には読者や関係者の方々の寛大なるご叱正をお願いするしかない．また本書を草するに際し，多くの書籍や論文，ウェブサイトを参考にさせていただいた．これらの著者方に心から謝意を表する次第である．本書を読んだ方々が思い思いの道に機械学習やディープラーニングの応用を広げてゆかれるきっかけになれば望外の喜びである．

なお，当然のことながら，本書における誤りは各著者の責任に帰し，所属する組織とは無関係であることを断っておきたい．

本書の執筆には，株式会社新生銀行のご理解とご支援をいただき深く感謝している．また朝倉書店の編集部には，図や画像の多い本書の校正の作業でたいへんお世話になった．この場をお借りして心より御礼申し上げる．

2018 年 4 月

嶋 田 康 史

目　　次

1. はじめに ……………………………………………………………………………… 1
  1.1　バージョンの違いについての留意事項 ………………………………… 3
    1.1.1　Python …………………………………………………………………… 3
    1.1.2　Keras ……………………………………………………………………… 4

2. 金融データ解析のための定番非線形モデル ………………………………… 5
  2.1　サポートベクターマシン ………………………………………………… 5
    2.1.1　パラメータ推定の定式化 ……………………………………………… 5
    2.1.2　逐次最小問題最適化法 ………………………………………………… 8
  2.2　決定木とそのアンサンブルモデル ……………………………………… 11
    2.2.1　決　定　木 ……………………………………………………………… 12
    2.2.2　ランダムフォレスト …………………………………………………… 15
    2.2.3　ブースティング木(勾配ブースティング) …………………………… 19
    2.2.4　ブースティング木(XGBoost)で非金利収入予測モデルを作る …… 27
    2.2.5　ディープフォレスト …………………………………………………… 39
    ■コラム「群知能 蟻コロニー最適化とディーリングルーム」 …………… 50

3. 金融データ解析のためのディープニューラルネットワーク ……………… 53
  3.1　ニューラルネットワークの基本 ………………………………………… 53
    3.1.1　ニューラルネットワークとは ………………………………………… 53
    3.1.2　活性化関数 ……………………………………………………………… 58
  3.2　推　　定 …………………………………………………………………… 60
    3.2.1　誤差関数 ………………………………………………………………… 60
    3.2.2　確率的勾配降下法 ……………………………………………………… 63

目　　　次　　　　　　　　v

3.2.3	誤差逆伝播法	65
3.2.4	勾配消失問題	69
3.2.5	学習に関する手法	70
3.2.6	学習曲線と早期終了	73
3.2.7	GPU を用いた並列演算について	74
3.3	再帰型ニューラルネットワーク	76

4. 金融データ解析への応用 ……………………………………… 79

4.1　顧客データから商品購入を予測　—マーケティング分析— ……… 79

    4.1.1　データの準備 …………………………………………… 80

    4.1.2　F1 ス コ ア …………………………………………… 85

    4.1.3　モデルの比較 …………………………………………… 87

4.2　財務データから企業の倒産を予測　—信用リスクモデル— ……… 88

    4.2.1　データの準備 …………………………………………… 89

    4.2.2　AUC スコア …………………………………………… 92

    4.2.3　モデルの比較 …………………………………………… 94

4.3　取引データから不動産価格を予測　—不動産価格推定— ………100

    4.3.1　土地売買価格データ (国土交通省) ………………………101

    4.3.2　J-REIT が保有する不動産情報 ……………………………109

4.4　ニュースから株価を予測　—テキストマイニング— ………117

    4.4.1　データの準備 ……………………………………………118

    4.4.2　テキストデータの処理……………………………………120

    4.4.3　モデルの比較 ……………………………………………124

5. 金融への応用も期待される畳み込みニューラルネットワーク …………128

5.1　人間の視覚構造に似ている …………………………………128

    5.1.1　入　　　力 ……………………………………………131

    5.1.2　畳み込み層 (convolution layer) ………………………131

    5.1.3　プーリング層 (pooling layer) ………………………136

5.2　CNN はどこまで万能なのか？ ………………………………137

    5.2.1　使用した GPU ……………………………………………137

vi　　　　　　　　目　　　次

　　5.2.2　スマートフォンなどの画像ファイルを CNN に使うには ········137
　　5.2.3　方向判別モデル—顔の判別なんてできるの？ ·················139
　　5.2.4　等級判別モデル—粒状を見分ける ····························143
　　5.2.5　価格推定モデル—ペットだってプライシングできる ··········158
　5.3　CNN で非金利収入予測モデルをつくる ·····························169
　　5.3.1　表形式データの学習 ··169
　　5.3.2　その他金融への応用 ··177

A. 金融データ解析のためのディープラーニング開発環境セットアップ ·····180
　A.1　FinTech 用ディープラーニング開発環境について ·················180
　A.2　Mac　編 ··182
　　A.2.1　macOS Sierra - CPU - 64bit - CP27 - Chainer ··················182
　　A.2.2　macOS Sierra - CPU - 64bit - CP35 - Keras/TensorFlow ········184
　A.3　Windows 編 ···186
　　A.3.1　Windows 7 - CPU - 64 bit - CP27 - Keras/Theano ···············186
　　A.3.2　Windows 10 - GPU - 64 bit - CP35 - Keras/TensorFlow ·········187
　A.4　仮想 Linux - Ubuntu14 - CPU - 64 bit -CP27 - Keras/TensorFlow ····192
　A.5　Linux　編 ···195
　　A.5.1　Ubuntu 16 - GPU - 64 bit - CP35 - Keras/TensorFlow ············195

B. Keras バージョン 1 から 2 への変更点 ·····························199

文　　献 ··202

索　　引 ··206

1. 本書で登場する製品名などは，すべて各開発メーカーの登録商標です．本文中では ™ マークや ® マークは明記していません．
2. 本書で記載されているソフトウェアの実行手順，結果に関して万一障害などが発生しても，弊社および著者は一切の責任を負いません．
3. Python には 2 系と 3 系の 2 バージョンがあることに注意してください (詳しくは Python.org を参照)．

1

は　じ　め　に

　機械学習においては，まずなにをしたいかという目的を決め，それに合った手法を選択していくことになる．例えば，なにごとかについて"判別"のようなことをしたいということを起点にしてもよいだろう．ここでの判別の解釈は広く，ある顧客がこの商品を購入する可能性が高いのか，あるいはそうでもないのか，というマーケティング分析で使われる判別や，取引先の信用力をグループ分けする信用格付も含まれる．またマネーロンダリングやカード不正利用などの検出の場合も白か黒かの判別が目的となる．目的が"判別"ではない場合は，"値推定"や"プライシング"，つまり評価値や価格などの推定が目的となることが多い．値を推定する対象は，例えば株や債券など金融資産の価格であったり，不動産などの担保物件の評価，年俸や売上，倒産率あるいは適合率などさまざまなものが考えられる．

　また，機械学習はあらかじめ正解がわかっているデータを使用する"教師あり学習"と，正解がわかっていないデータを使用する"教師なし学習"に分かれる．前者には回帰分析，サポートベクターマシン (SVM)，決定木，ブースティング木，ディープニューラルネットワーク (DNN)，畳み込みニューラルネットワーク (CNN) があり，後者には主成分分析，クラスタリングなどがある．これらの機械学習のタイプを図示すれば図 1.1 のようになる．ただし，SVM や決定木は値推定に使う場合もある．つまり図 1.1 の境界線は厳密なものではなく，個々の手法の使い方次第で変わるものである．また，これらの機械学習の手法は，非線形の特徴を抽出でき，予測力が高い一方で，説明変数と被説明変数の関係を解釈することが難しいということがしばしば生じる．

　機械学習でモデルをつくっていくと，モデルの学習の前にあらかじめ決めなければならない変数が出てくる．例えば DNN におけるエポック (epoch) 数やパラ

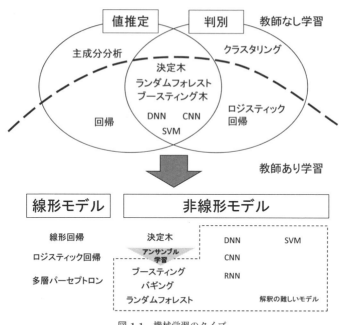

図 1.1 機械学習のタイプ

メータの初期値(特に指定しなければ乱数列が使われる)が挙げられ，これらが変わることにより精度が異なってしまい，そもそもの推定精度や未知のデータに対する推定性能(これを汎化性能という)の壁にぶつかる．ひとたび学習モデルを設定すれば，コンピュータはその設定されたモデルに固有のパラメータ(モデルパラメータ，例えばニューラルネットワークでは weight や bias)を推定する学習プロセスを行っているだけで，そのモデルの設定自体は計算中不変である．モデルの推定精度を上げるためには，モデルパラメータの上のレベル，つまりモデルの設定や設計部分のパラメータについて最適化を考えていく必要がある．これらはハイパーパラメータ (hyper-parameters)，メタパラメータ (meta-parameters)，フリーパラメータ (free parameters) などと呼ばれ，通常の学習データに対するモデルパラメータの学習と異なり，グリッドサーチ，ランダムサーチ，ベイズ最適化などの手法により交差検証が一般に行われる．ハイパーパラメータは，上述のようなものであるので厳密な定義があるわけではなく，また採用するモデルのタイプによってもさまざまであるが，一般的な例を以下に挙げておく．

a) 設計にかかわるハイパーパラメータ：

決定木などの葉ノードの数や木のノードの深さ，ニューラルネットワークにおけるレイヤー数，フィルター数，ドロップアウト層数，k-means 法におけるクラスター数

b) 学習にかかわるハイパーパラメータ：

学習率 (learning rate)，SVM における正則化パラメータ (regularization constant C)，カーネルハイパーパラメータ γ，ニューラルネットワークにおけるフィルターサイズ，ドロップアウト率，バッチサイズ

また，ハイパーパラメータとは異なる観点からモデルの精度を上げるために複数のモデルを協働させ，その平均を採用したり，合議で決めるようなアンサンブル学習といった手法も有効で，モデルの設計時にそれらを組み込んでしまうアンサンブルモデルと呼ばれるケースもある．単一モデルの作成だけではなく，その枠組みを超えた自由な発想で精度を高めることも機械学習の応用範囲であり，創造性も多分に必要になっている．

1.1 バージョンの違いについての留意事項

1.1.1 Python

本書で使用する Python のバージョンは 3 系であるが，Python にはバージョン 2 系 *1) と 3 系の 2 種類があり，互換性がないので留意が必要となる．豊富な先人のプログラムコードを利用する場合などは 2 系を選択することもあるが，通常は新しい 3 系が推奨される．一部の 2 系パッケージモジュール (urllib, xmlr-pclib など) は再編され，モジュール名が変更された．3 系から print 文が関数化されたため，2 系では print 'FinTech Innovation' としていたものが，3 系では print('FinTech Innovation') となる．また，3 系で使用するコードがunicode に統一された．2 系は unicode と str の 2 種類が存在し，日本語を使う場合には unicode 変換のために "u" をつけていたが，使用できなくなった．range 関数はイテレータオブジェクトを返すので，2 系の xrange は廃止された．2 系から3 系への変換ツールもある．

---

*1) 2 系は最新バージョン 2.7 が 2020 年までサポートされる．

1.1.2 Keras

本書で使用する Keras のソースコードはバージョン 1 系であるが，2017 年より
バージョン 2 系 [*2] がリリースされている．バージョン 2 系ではバージョン 1 系
との互換性がインターフェースにより確保されている [*3]．詳細は Keras リリー
スノート[6] などで確認できるが，バージョン 1 から 2 へのおもな変更点について
は本書の巻末付録にまとめてある．

なお，Keras2 系を使用する読者のために，本書のソースコードの脚注に Keras2
系への修正ポイントを記載した．

[*2] Keras では，初めての LTS (long-term support) バージョン．
[*3] ワーニングメッセージが出て，バージョン 2 準拠へのプログラム修正をリマインドする．

2

金融データ解析のための定番非線形モデル

2.1　サポートベクターマシン

サポートベクターマシン (support vector machine, SVM) は Vapnik[8] によって最初に提案された機械学習モデルである．SVM では誤分類率の最小化ではなく，訓練データ点とそれらを分離する超平面の距離 (マージン) の最大化によりパラメータを推定を行う点が最大の特徴とされる．事前学習を行わないニューラルネットワークでは，パラメータの初期値によって推定値が異なるという局所解の問題が発生しうるが，SVM では局所的最適解が必ず大局的最適解になるという利点がある．

本シリーズの既刊[1] で示したとおり，SVM のパラメータ推定は 2 次計画問題を解くことに帰着する．しかし，実際に問題を解くにあたって，単純にすべての解を求めるような方法ではパラメータを推定するために膨大な計算負荷がかかることが知られている．そのため，効率的な計算を行うためにさまざまな最適化アルゴリズムが提案されてきた．本節では，それらの中で最も代表的な手法であり，scikit-learn[9][10] の SVM 最適化モジュールでも利用されている逐次最小問題最適化法 (SMO) について解説する．

以降では，まずソフトマージン法を用いて，線形分離不可能な場合の SVM パラメータ推定を定式化する．その後，導出された条件を用いて最適化手法について解説する．

2.1.1　パラメータ推定の定式化

本節では元データが線形分離不可能な場合の SVM のパラメータ推定を定式化

する*1). M 個の入力 $\boldsymbol{x}_m$ $(m=1,\ldots,M)$ と出力 $y_m \in \{1,-1\}$ の 2 値分類問題を考える. 本シリーズの既刊[1] で示したようにソフトマージン法*2) を用いると, SVM のパラメータ推定はスラック変数 $\xi_m \geq 0$ を用いて, 以下の目的関数 L の最小化問題へと帰着される.

$$L(\boldsymbol{w},\boldsymbol{\xi}) = \frac{1}{2}\|\boldsymbol{w}\|^2 + C\sum_{m=1}^{M}\xi_m$$
$$s.t. \quad \xi_m \geq 0,$$
$$y_m(\boldsymbol{w}^\top\boldsymbol{x}_m - h) \geq 1 - \xi_m \ (m=1,\ldots,M)$$

上記の最小化問題を解くにあたって, ラグランジュ乗数 α_m, $\nu_m \geq 0$ $(m=1,\ldots,M)$ を導入し, 目的関数を以下の通り書き換える.

$$L(\boldsymbol{w},\boldsymbol{\xi},\boldsymbol{\nu}) = \frac{1}{2}\|\boldsymbol{w}\|^2 + C\sum_{m=1}^{M}\xi_m$$
$$- \sum_{m=1}^{M}\alpha_m\{y_m(\boldsymbol{w}^\top\boldsymbol{x}_m - h) - (1-\xi_m)\}$$
$$- \sum_{m=1}^{M}\nu_m\xi_m \tag{2.1}$$

(2.1) 式を $\boldsymbol{w}$, h および $\boldsymbol{\xi}$ で偏微分すると,

$$\boldsymbol{w} = \sum_{m=1}^{M}\alpha_m y_m \boldsymbol{x}_m \tag{2.2}$$

$$0 = \sum_{m=1}^{M}\alpha_m y_m \tag{2.3}$$

$$\alpha_m = C - \nu_m \tag{2.4}$$

が得られる. (2.2)~(2.4) 式を (2.1) 式に代入し, $\boldsymbol{w}$, h を消去することで次の双対表現が得られる.

$$L_D(\boldsymbol{\alpha}) = \sum_{m=1}^{M}\alpha_m - \frac{1}{2}\sum_{i=1}^{M}\sum_{j=1}^{M}\alpha_i\alpha_j y_i y_j \boldsymbol{x}_i^\top\boldsymbol{x}_j \tag{2.5}$$
$$s.t. \quad \sum_{m=1}^{M}\alpha_m y_m = 0,$$
$$0 \leq \alpha_m \leq C \ (m=1,\ldots,M)$$

(2.5) 式の最大化問題は 2 次計画問題として知られており, その解が最適となるための必要条件として, ラグランジュ乗数 α_m および ν_m は以下の 6 つの条件を満たす必要がある.

---

*1) 線形分離可能な場合からの拡張については本シリーズの既刊[1] を参照されたい.
*2) この方法は Cortes and Vapnik[11] によって最初に提案された.

$$\alpha_m \geq 0 \tag{2.6}$$

$$y_m u_m - 1 + \xi_m \geq 0 \tag{2.7}$$

$$\alpha_m \{ y_m u_m - 1 + \xi_m \} = 0 \tag{2.8}$$

$$\nu_m \geq 0 \tag{2.9}$$

$$\xi_m \geq 0 \tag{2.10}$$

$$\nu_m \xi_m = 0 \tag{2.11}$$

ここで，u_m は入力 $\boldsymbol{x}_m$ に対するモデルの出力値である．本シリーズの既刊[1]で示したカーネル法を適用した場合，u_m はカーネル関数 K を用いて

$$u_m = \sum_{i=1}^{M} y_i \alpha_i K(\boldsymbol{x}_i, \boldsymbol{x}_m) - h$$

と表される．(2.6)～(2.11) 式は Karush[12], Kuhn and Tucker[13] による KKT 条件として知られている．(2.4) 式と (2.11) 式より，

$$\xi_m (C - \alpha_m) = 0$$

という関係が成り立つ．上式から $\xi_m > 0$ となるのは $\alpha_m = C$ となる場合のみであり，それ以外では $\xi_m = 0$ となることがわかる．$\alpha_m = 0$ となるデータは出力値 u_m に影響を及ぼさず，サポートベクトルとはならない．一方で，$\alpha_m > 0$ の場合に当該データはサポートベクトルとなり，(2.8) 式より，

$$y_m u_m = 1 - \xi_m \tag{2.12}$$

が成立する．さらに $\alpha_m < C$ の場合には前述の通り $\xi_m = 0$ となるため，(2.12) 式から $y_m u_m = 1$ が得られる．同様に，$\alpha_m = C$ の場合には $\xi \geq 0$ となることから，$y_m u_m \leq 1$ となることがわかる．

以上より，(2.6)～(2.11) 式の KKT 条件は以下の通り書き換えることができる．

---KKT 条件---

$$\alpha_m = 0 \iff y_m u_m \geq 1 \tag{2.13}$$

$$0 < \alpha_m < C \iff y_m u_m = 1 \tag{2.14}$$

$$\alpha_m = C \iff y_m u_m \leq 1 \tag{2.15}$$

(2.13)～(2.15) 式は，2.1.2 項で解説する逐次最小問題最適化法において，KKT 条件の違反を判定するために利用される．

2.1.2 逐次最小問題最適化法

本節では Platt[14][15] による逐次最小問題最適化法 (sequential minimal optimization, SMO) について解説する [*3]. SMO はその計算効率の高さから 2 次計画問題を解くアルゴリズムとして広く利用されている手法である [*4].

(2.5) 式の 2 次計画問題を解く場合，すべての α_m $(m = 1, \ldots, M)$ の解を求めようとすると大きな計算負荷がかかる．そのため，一部の選択された変数以外を固定し，選択された変数のみで 2 次計画問題を解く方法が提案されてきた．Vapnik[16] では Chunking と呼ばれる手法が示されている．Chunking では (2.5) 式からラグランジュ乗数 α_m がゼロとなる項を取り除いても結果が変わらないことを利用し，データの任意の部分集合に対し，次元数の小さな問題を順番に解くことで，最終的に 0 とならないラグランジュ乗数のみによる最適化問題を解くことに帰着する．また，Osuna[17] では Chunking を改良し，部分集合の大きさを一定とすることで，任意の大きさのデータに対して適用可能とした [*5].

上記 2 手法のどちらを用いた場合でも，部分 2 次計画問題を解くための計算負荷は大きくなる傾向にある．これに対し，SMO では Chunking の考え方をさらに発展させ，選択する変数を最小部分集合である 2 変数のみとすることで，高速で 2 次計画問題を解くことを可能とした．最適化する変数を 2 変数のみとすることで，ラグランジュ乗数の解を解析的に求めることが可能となる．言い換えると，最適化にあたって数値的に 2 次計画問題を解く必要がないことを意味する．Platt[14] による上記 3 手法の比較を図 2.1 に示す．

SMO のアルゴリズムを Algorithm 1 に示す．SMO では最適化の各ステップにおいて，2 つの最適化する変数を選択する．その後，他のすべてのパラメータは固定されているものと仮定し，選択した 2 つのパラメータのみを最適化する．これらの手順を，(2.13)〜(2.15) 式の KKT 条件に違反する変数が存在しなくなるまで繰り返すこととなる．

以降では上記の手順のうち，まずラグランジュ乗数が 2 つの場合の最適化方法について解説する．その後，各ステップにおける最適化する変数の選択方法を示す．

[*3] 和書では Cristianini and Taylor[18] の 7 章に同手法についての記載がある．
[*4] scikit-learn の SVM 最適化モジュールである LIBSVM[19] では SMO が利用されている．
[*5] 当該手法は Osuna's method または分解アルゴリズム (decomposition algorithm) と呼ばれる．

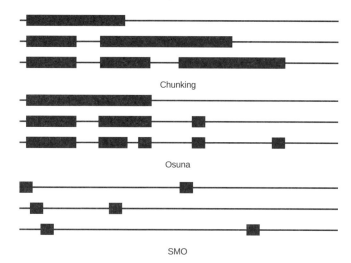

図 2.1 SVM 最適化手法の対象データの比較
細線が各ステップのデータセット全体を示し，太線がそのうち最適化されるデータを示す．SMO では 2 つのデータのみを最適化していることがわかる．

Algorithm 1 SMO のアルゴリズム

while (2.13)〜(2.15) 式の KKT 条件に違反する変数が存在 **do**
  1) KKT 条件を違反する変数 α_i を選択
  2) 2 つ目の変数 α_j を選択
  3) α_i, α_j を更新
end while

a. ラグランジュ乗数が 2 つの場合の最適化

選択した 2 つの変数を α_1, α_2 とする．最初に 2 つ目のラグランジュ乗数 α_2 を最適化することを考える．(2.5) 式の制約条件から，上記の 2 変数は図 2.2 に示した領域内の直線上に値をとることがわかる．すなわち，α_2 に対して次の制約条件が適用される．

$$L < \alpha_2 < H \tag{2.16}$$

ただし，$y_1 \neq y_2$ の場合，

$$L = \max(0, \alpha_2 - \alpha_1), \ H = \min(C, C + \alpha_2 - \alpha_1)$$

であり，$y_1 = y_2$ の場合は

$$L = \max(0, \alpha_2 + \alpha_1 - C), \ H = \min(C, \alpha_2 + \alpha_1)$$

である．上記の線形等式制約のもとで，目的関数の 2 階微分は，

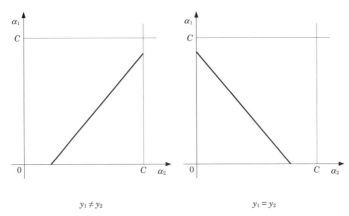

図 2.2 2 変数のとりうる値と領域

$$\eta = K(\boldsymbol{x}_1, \boldsymbol{x}_1) + K(\boldsymbol{x}_2, \boldsymbol{x}_2) - 2K(\boldsymbol{x}_1, \boldsymbol{x}_2) = ||\phi(\boldsymbol{x}_1) - \phi(\boldsymbol{x}_2)||^2$$

となる[*6]．通常は目的関数が正の有限値をとることから，線形等式制約の下で最小値が存在し，$\eta > 0$ となる．この結果を利用することで，目的関数を最小化するラグランジュ乗数 $\alpha_1^{new}, \alpha_2^{new}$ を以下の手順で求めることができる．まず，

$$\alpha_2^{new} = \alpha_2 + \frac{y_2(E_1 - E_2)}{\eta} \tag{2.17}$$

を計算する．ここで，$E_i = u_i - y_i$ は i 番目のデータの訓練誤差である．次に，(2.16) 式の制約に対し，

$$\alpha_2^{new,clipped} = \begin{cases} H & (\alpha_2^{new} \geq H) \\ \alpha_2^{new} & (L < \alpha_2^{new} < H) \\ L & (\alpha_2^{new} \leq L) \end{cases}$$

とすることで，α_2 の更新後の値 $\alpha_2^{new,clipped}$ を求める．$s = y_1 y_2$ とすると，上記の結果を用いて，もう 1 つのラグランジュ乗数 α_1 は，

$$\alpha_1^{new} = \alpha_1 + s(\alpha_2 - \alpha_2^{new,clipped})$$

となり，解析的にその値を求めることができる．

b. 最適化する変数の選択方法

前節では最適化する変数が 2 つの場合に (2.5) 式の 2 次計画問題の解が解析的に求められることを示したが，実際にパラメータを推定するにあたって，最適化する 2 つの変数をラグランジュ乗数 $\boldsymbol{\alpha} = (\alpha_1 \ldots \alpha_M)^\top$ の中からどのように選択する

[*6] ここではカーネル法を適用した目的関数を考える．

かが問題となる．Algorithm 1 に示した通り，SMO ではこれらを 1) 1 つ目の変数の選択，2) 2 つ目の変数の選択の 2 段階の手順で行っている．

手順 1) ではラグランジュ乗数 α の中から KKT 条件を満たさない変数 α_i を選択する．SMO では計算を高速化するため $0 < \alpha < C$ となる変数から優先的にチェックを行う．そのような変数がすべて KKT 条件を満たしている場合にのみ，すべての $\alpha = (\alpha_1 \ldots \alpha_N)^\top$ に対して KKT 条件を満たすどうかをチェックするループへと入る．

手順 2) では，2 変数の更新が目的関数の値を最も大きく変化させるように 2 つ目の変数を選択する．その際，すべての変数のペアごとに目的関数の値を求めようとすると計算負荷が大きくなるため，代わりに $|E_i - E_j|$ を最大化するような変数を選択する．SMO のプログラム内では $\alpha \neq 0$ かつ $\alpha \neq C$ となるすべてのデータの誤差をキャッシュ化したリストが保持され，もし E_i が正であれば，保持されたリスト内で最小の誤差を E_j として選択する．逆に E_i が負の場合はリスト内で最大の誤差を E_j として選択する．選択したペアで目的関数の変化を計算し，一定以上の変化とならなかった場合には，境界上にないデータすべてに対して探索を開始する．それでも期待した変化が得られない場合のみ，すべてのデータに対する探索を開始する．

手順 1) で 1 つ目の変数が選択されると，その結果を後述の手順 2) へ適用することで 2 つ目の変数 α_j が求められ，最後に手順 3) でそれらの値が更新される．最適化する 2 変数が選択された後の手順 3) については a で解説したとおりである．

c. 実装について

SMO の実装例については，Platt[14] に擬似プログラムが示されている．また，Cristianini and Taylor[18] では上記の擬似プログラムに対して日本語による解説がなされている．具体的な実装例についてはこれらを参照されたい．

2.2 決定木とそのアンサンブルモデル

本節では近年，高い予測精度が報告されているランダムフォレストやブースティング木 (勾配ブースティング) を説明する．これらは，決定木という比較的単純な手法を，予測精度の向上のためアンサンブルモデルへ拡張したモデルである．

2.2.1 決定木

アンサンブルモデルのベースとなる決定木をまず説明する．単純な例として，図 2.3 のような分類問題を考える．顧客が，ある商品を購入するか否かを分類する問題である．「年齢が 30 歳以上の人は購入する．年齢が 30 歳より下であっても年収が 600 万円以上の人は購入するが，600 万円を超えない人は購入しない」というまったくノイズのないデータがあるとする．決定木は元データの特徴から複数の単純な質問を生成し，その質問に基づいてデータを分類するモデルであり，この例に対し，図 2.4 のような構造で表現される．モデルを容易に可視化でき，分類のプロセスを理解しやすい点が特徴である．本項では，決定木の学習法として CART (classification and regression trees) について解説する[*7]．決定木は，分類問題だけでなく回帰問題にも用いることができ，回帰問題で用いられる決定木は回帰木と呼ばれ，分類問題で用いられる決定木は分類木と呼ばれる．

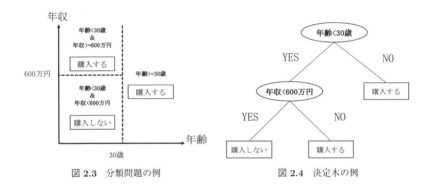

図 2.3　分類問題の例　　　図 2.4　決定木の例

a. 回 帰 木

ここからは，入力変数 $\boldsymbol{x}_i = (x_{i,1}, \ldots, x_{i,J})'$ と出力変数 y_i で構成されるデータセット $(\boldsymbol{x}_i, y_i)$ $(i = 1, 2, \ldots, N)$ を考える．まずは，図 2.4 の例と同様にデータが 2 次元 ($J = 2$) の場合の決定木を見ていく．新たな例として，図 2.5 を用いる．はじめに，図 2.5 左における丸や四角形のことをノードと呼ぶこととする．特に，図 2.5 左の木の構造の一番上にあるノードを根ノード (root node) といい，四角で示された終端のノードは葉ノード (leaf node)，2 段目の丸のノードを中間ノード (internal node) という．決定木では，図 2.5 左の上から順に各ノードでデータセットが振

[*7] scikit-learn や XGBoost では同手法が用いられている．

2.2 決定木とそのアンサンブルモデル

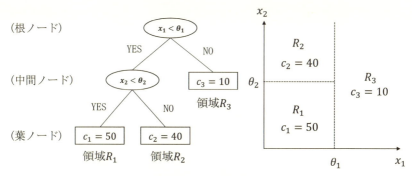

図 2.5 回帰木とその領域のイメージ

り分けられていく．終端にある葉ノードは，図 2.5 に示すように，入力変数が表すデータ空間の領域の分割と対応していることがわかる．さらに，葉ノードが表す入力変数の領域を R で表すとする．いま，より一般に，葉ノードに対応する分割された領域が $R_1, \ldots, R_M$ だけあり，各領域におけるモデルの出力が定数 c で表されるとすると，モデルは次のように表現される [*8]．

$$f(\boldsymbol{x}) = \sum_{m=1}^{M} c_m 1_{\{x \in R_m\}}$$

このとき，モデルの予測値 $\hat{y}$ は，$\hat{y} = f(\boldsymbol{x})$ である．

領域の分割方法や出力値 c_m の推定にあたっては，観測データである出力変数とモデルの出力の間の差異を表す評価関数が必要となる．ここで，評価関数に 2 乗誤差 $\sum_i (y_i - \hat{y}_i)^2$ を用いると，領域 R_m を所与とした場合，誤差を最小にする c_m の推定量 $\hat{c}_m$ は，単純な 2 次関数の最小化問題となるので，y_i の平均となることがわかる [*9]．

$$\hat{c}_m = \frac{1}{|\boldsymbol{x}_i \in R_m|} \sum_{\boldsymbol{x}_i \in R_m} y_i$$

実際にモデル全体の推定を行う場合には，①分割する変数 x_j ($j = 1, \ldots, J$)，②変数の分割における閾値 θ，③出力値 c_m を求める必要がある．上述の通り，③については，①, ②により領域が決定すれば求まる．つまり，①, ②の組合せを探索し，誤差を最も減少させる分割方法を追加すればよい．よって，ある領域 R_m の分割に関する最適化問題は次のようになる．

[*8] $1_{\{A\}}$ は，A が成り立つときは 1，A が成り立たないときは 0 を表す指示関数である．
[*9] 集合 A の要素数を $|A|$ で表す．

$$\arg\min_{j,\theta}\left\{\sum_{\boldsymbol{x}_i\in R_{m,L}(j,\theta)}(y_i-\hat{c}_{m,L})^2+\sum_{\boldsymbol{x}_i\in R_{m,R}(j,\theta)}(y_i-\hat{c}_{m,R})^2\right\}$$

なお，$R_{m,L}(j,\theta)=\{\boldsymbol{x}_i|x_{i,j}\le\theta,\boldsymbol{x}_i\in R_m\}$, $R_{m,R}(j,\theta)=\{\boldsymbol{x}_i|x_{i,j}>\theta,\boldsymbol{x}_i\in R_m\}$, $\hat{c}_{m,L}=\frac{1}{|\boldsymbol{x}_i\in R_{m,L}|}\sum_{\boldsymbol{x}_i\in R_{m,L}}y_i$, $\hat{c}_{m,R}=\frac{1}{|\boldsymbol{x}_i\in R_{m,R}|}\sum_{\boldsymbol{x}_i\in R_{m,R}}y_i$ である [*10]．

b. 分 類 木

次に分類問題において，出力変数が K 個の出力 $k=1,2,\ldots,K$ をとる場合を考える．ある領域 R_m におけるクラス k のデータ点の割合 p_{mk} は，

$$p_{mk}=\frac{1}{|\boldsymbol{x}_i\in R_m|}\sum_{\boldsymbol{x}_i\in R_m}\mathbf{1}_{\{y_i=k\}}$$

で表される．

ここで，領域の分割の基準として不純度 (impurity) H [*11] と呼ばれる関数を導入する．ここでは，不純度の代表的なものとして，ジニ指数とクロスエントロピーを以下に示す．

- ジニ指数 (Gini index)

$$H(R_m)=\sum_k p_{mk}(1-p_{mk})$$

- クロスエントロピー

$$H(R_m)=-\sum_k p_{mk}\log(p_{mk})$$

これらの不純度をグラフにすると，図 2.6 のようになる．不純度は，領域におけるクラスの偏り具合を示しており，特定のクラスのデータばかりであると 0 に近づき，各クラスのデータが均等に存在するようなとき大きな値をとる性質をもつ．特定のクラスが分類できるような分割が望ましいので，不純度は小さい値の方が望ましい．ここでさらに，領域 R_m での変数 j の閾値 θ による分割で不純度が減少する量として情報利得 G を次のように導入する．

$$G(R_m,(j,\theta))=H(R_m)-\left\{\frac{|\boldsymbol{x}_i\in R_{m,L}|}{|\boldsymbol{x}_i\in R_m|}H(R_{m,L})+\frac{|\boldsymbol{x}_i\in R_{m,R}|}{|\boldsymbol{x}_i\in R_m|}H(R_{m,R})\right\}$$

分割点の推定にあたっては，G が最大になるような変数 j^* とその分割の閾値 θ^* を探せばよい．

$$(j^*,\theta^*)=\arg\max_{j,\theta}G(R_m,(j,\theta))$$

また，領域 R_m のクラスは，$\arg\max_k p_{mk}$ とすればよい．

[*10] $R_{m,L}$ と $R_{m,R}$ の添え字 L と R は，それぞれ Left, Right の意味で，領域を 2 分割するためこの記号を用いている．

[*11] 回帰木の二乗平均誤差による不純度は，$H(R_m)=\frac{1}{|x_i\in R_m|}\sum_{\boldsymbol{x}_i\in R_m}(y_i-\hat{c}_m)^2$ とすればよい．

2.2 決定木とそのアンサンブルモデル

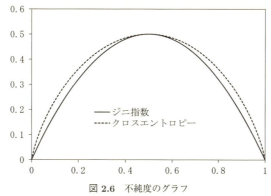

図 2.6 不純度のグラフ
2 クラス分類の場合の不純度を表示．横軸は 1 つのクラスの確率，縦軸は不純度である．
なお，クロスエントロピーは，(0.5,0.5) を通るようスケール化し表示している．

決定木の学習にあたっては，入力がまったく同一のデータがない限り，分割を繰り返し続ければ，領域の数が訓練データの数になるまで分割を行うことが可能であり，過学習が生じうる．よって，ハイパーパラメータである木のノードの深さや，分割時の分割基準の減少幅を調整し，汎化性能を検証する必要がある．

2.2.2 ランダムフォレスト

決定木をベースにしたアンサンブルモデルとしてランダムフォレストモデルがある．アンサンブルモデルとは，大量の予測力の弱いモデルの出力を組み合わせて，強い合議を形成する方法である．ランダムフォレストは，多くの決定木の組合せとして，フォレスト(森)を形成することからその名前となっている．ランダムフォレストでは，バギングというサンプルを復元抽出する方法をベースにしている．なお，以降では 1 つの決定木を「木」と表現することがある．

a. 木のアンサンブルモデルの例

まず，単純な例をもとに，アンサンブルモデルの構造を説明する．例として，リテール顧客の信用力を予測することを考える．例えば，年収，職業の有無，預金の残高，年齢，職種，住所などといったデータがあるとする．このとき，被説明変数が信用力を表すデフォルト[*12)]確率であり，顧客 A, B, C, D がいたとする．

アンサンブルモデルのもとになる比較的単純な構造の決定木の例として，図 2.7 のような 2 つのモデルが推定されたとする．それぞれのモデルは単純で，予測力

[*12)] 債務不履行のこと．

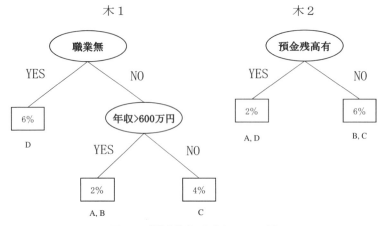

図 2.7 単純な構造の決定木モデルの例

は弱いと考えられる．2つの木の組合せによる1つのアンサンブルモデルを考える場合，A のデフォルト確率の予測値 $\hat{y}_A$ は，

$$\hat{y}_A = \frac{1}{2} \times 2\% + \frac{1}{2} \times 2\% = 2\%$$

となる．また，C のデフォルト確率の予測値 $\hat{y}_C$ は，

$$\hat{y}_C = \frac{1}{2} \times 4\% + \frac{1}{2} \times 6\% = 5\%$$

となる．アンサンブルモデルは，このように単純なモデルが，それらの組合せにより互いを補完するモデルである．

b. バギング

バギングでは，訓練データの B 個のブートストラップ標本に対し，それぞれでモデルを推定し，各予測値 $\hat{y}^b = f^b(\bm{x})\,(b=1,\ldots,B)$ を算出する．ブートストラップ標本とは，N 個の訓練データから重複を許して N 個のサンプルを復元抽出 [*13)] したものである．図 2.8 が，バギングのイメージである．復元抽出を行うため，各サンプルで，同じデータが重複することを許容している．このとき，バギングによるモデルの予測値 $\hat{y} = f(\bm{x})$ は次のように計算される．

$$f(\bm{x}) = \frac{1}{B} \sum_{b=1}^{B} f^b(\bm{x}) \tag{2.18}$$

[*13)] 復元抽出は，標本を抽出する都度，一度抽出した標本をもとに戻し，同じ集合から標本を抽出する方法．

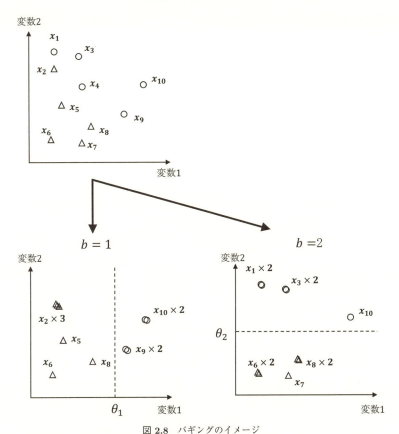

図 2.8 バギングのイメージ
訓練データ (左上) は，サンプル数が 10，変数を 2 つとして，○ と △ の 2 値分類．$B=2$ である．ブートストラップ標本 $\mathscr{B}$ (添字の集合) は，$\mathscr{B}_1 = \{2,2,2,5,6,8,9,9,10,10\}$，$\mathscr{B}_2 = \{1,1,3,3,6,6,7,8,8,10\}$ である．

c. モデルと推定方法

ランダムフォレストでは，バギングによってアンサンブルのもととなる個々の木をつくりながら，さらにそれぞれ木のノードにおける分割の候補となる変数を $j=1$ から J まですべて用いるのでなく，ランダムに m 個選択するという方法を用いる．学習のアルゴリズムを Algorithm 2 に示す．また，ランダムフォレストの構造のイメージを図 2.9 に示す．

変数の選択数 m については，経験的に回帰問題では，$m = [J/3]$[*14)]，分類問題

[*14)] [ ] はガウス記号である．

Algorithm 2　ランダムフォレストの学習法

for $b = 1$ **to** B **do**
   1. ブートストラップ標本 $\mathscr{B}_b$ を生成．
   2. ブートストラップ標本 $\mathscr{B}_b$ に対し，木の学習を行う．
   このとき，各ノードでの分割において，候補となる変数を m 個ランダムに選択する．
end for

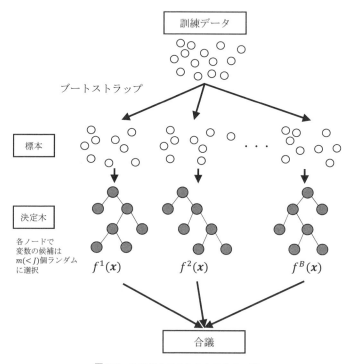

図 2.9　ランダムフォレストのイメージ

では，$m = [\sqrt{J}]$ がよいとされている．

　回帰問題のとき，ランダムフォレストの予測値 $\hat{y} = f(\boldsymbol{x})$ は，各ブートストラップ標本における決定木の予測値を $\hat{y}^b = f^b(\boldsymbol{x})\ (b = 1,\ldots,B)$ とすると，(2.18) 式により計算できる．一方で分類問題では，$|\hat{C}_{b,k}(\boldsymbol{x})|$ を各クラス k を予測した木の数として，

$$\hat{C}(\boldsymbol{x}) = \arg\max_{k} |\hat{C}_{b,k}(\boldsymbol{x})|$$

により予測値が算出される[15].

d. 変数の重要度

ランダムフォレストでは，各変数の重要度を算出することができる．ここでは，重要度として情報利得を用い，不純度をどれだけ減少させたかを各変数について計算する方法を述べる[16]．各木 $(b = 1, 2, \ldots, B)$ で，実際に情報利得を用い分割を行ったノードに対し，ラベルとして，$n_b = 1, \ldots, N_b$ を導入する．さらにそのうち，変数 j を用いて分割を行ったノードのラベルの集合を N_b^j とする．各木 $(b = 1, 2, \ldots, B)$ の変数 j の重要度 $D_{b,j}$ は，各木 b のノード n_b の分割時の情報利得 $G_{b,n_b}(j^*, \theta^*)$ と各ノードの分割前の領域 R_{n_b} に対し，以下のように計算する．

$$D_{b,j} = \sum_{n_b \in N_b^j} \frac{|\boldsymbol{x}_i \in R_{n_b}|}{N} G_{b,n_b}(j^*, \theta^*)$$

さらに各木で計算された $D_{b,j}$ の平均値を，各変数のランダムフォレストの重要度 D_j とする．

$$D_j = \frac{1}{B} \sum_b D_{b,j}$$

2.2.3 ブースティング木 (勾配ブースティング)

本項では，Chen and Guestrin[20], Friedman et al.[21] を参考に，ブースティング木 (boosted tree) を概説する．ブースティング木は，決定木にブースティングと呼ばれるアンサンブルモデルの一種を適用した手法である．より具体的には，すでに学習した予測モデルでは正しく分類できていない学習データを正しく分類できるよう，新たな予測モデルを逐次的に追加していく手法である．

本項では，特にオープンソースである XGBoost (Extreme Gradient Boosting) に関連する理論を説明する．Chen and Guestrin[20] によると，2015 年に Kaggle[17] で優勝した 29 のソリューションのうち 17 は，モデルの学習に XGBoost が使用されている．また，他の手法も大半は，XGBoost とニューラルネットワークのアンサンブルモデルである．なお，2 番目に利用されているのが DNN で 11 ソリュー

---

[15] 各木の予測確率の平均を算出し，その平均が最大のクラスをランダムフォレストの予測クラスとする場合もある．

[16] 情報利得を用いる方法だけでなく，例えば，ノードの分割において変数が出現した回数を重要度とする方法などもある．

[17] Kaggle は同名の会社によって運営されている，企業や研究者がデータを投稿し，統計やデータの分析者がその最適データに対するモデルを競い合う，プラットフォームである．

ションである．また，2015 年の KDD Cup[18] のトップ 10 のすべてでも XGBoost が使用されており，これらから高い予測精度をもつモデルとして広く利用されていることがわかる．

a. アンサンブルモデルの構造

ここでは，ブースティングにおける木のアンサンブル構造について説明を行う．ブースティングのアンサンブルモデルを定式化すると次のように表現される[19]．

$$f(\boldsymbol{x}) = \sum_{k=1}^{K} f_k(\boldsymbol{x})$$

K は，組み合わせる木の数を表し，$f_k(\boldsymbol{x})$ は，1 つの単純な木を表す．このとき，モデルの予測値 $\hat{y}$ は，$\hat{y} = f(\boldsymbol{x})$ である．

b. 木のブースティング

ブースティングは，アンサンブルモデルであり，木を逐次的に加え，推定していくモデルである．

この加法的なアンサンブルモデルのあるステップ t での予測値 $\hat{y}^{(t)}$ を，逐次的な計算として次のように表現する．

$$\begin{aligned}
\hat{y}^{(0)} &= 0 \\
\hat{y}^{(1)} &= f_1(\boldsymbol{x}) = \hat{y}^{(0)} + f_1(\boldsymbol{x}) \\
\hat{y}^{(2)} &= f_1(\boldsymbol{x}) + f_2(\boldsymbol{x}) = \hat{y}^{(1)} + f_1(\boldsymbol{x}) \\
&\vdots \\
\hat{y}^{(t)} &= \sum_{k=1}^{t} f_k(\boldsymbol{x}) = \hat{y}^{(t-1)} + f_t(\boldsymbol{x})
\end{aligned} \tag{2.19}$$

ここで，t 個目の木を追加する段階でどのようにパラメータを推定すればよいか考えるために，誤差関数を導入する．誤差関数を $l(y_i, \hat{y}_i^{(t)})$ とし，正則化の効果を表す関数を $\Omega(f_k)$ とする[20]．このとき，t 個の木を組み合わせたアンサンブルモデル全体の目的関数 $\mathscr{L}^{(t)}$ は，次のように表現される．

$$\mathscr{L}^{(t)} = \sum_{i=1}^{N} l\left(y_i, \hat{y}_i^{(t)}\right) + \sum_{k=1}^{t} \Omega(f_k)$$

最後のステップ t で追加した関数 $f_t(\boldsymbol{x}_i)$ の目的関数における効果を表現するため (2.19) 式の関係を用いると，$\mathscr{L}^{(t)}$ は次のように表現できる．

---

[18] KDD Cup は，SIGKDD によるデータ分析の競技会である．

[19] ランダムフォレストの回帰の場合と異なり，各木の重みを 1 としている．

[20] 正則化項である $\Omega(f_k)$ の具体的な関数形については，次項で述べるが，説明のため一般形として導入をしている．

$$\mathscr{L}^{(t)} = \sum_{i=1}^{N} l\left(y_i, \left(\hat{y}_i^{(t-1)} + f_t(\boldsymbol{x}_i)\right)\right) + \Omega(f_t) + \mathrm{const}$$

ここで，さらに $l(y_i, \hat{y}_i^{(t)})$ の $\hat{y}_i^{(t)}$ に関する 2 次のテイラー展開による近似を考えると，次のように表現される．

$$\mathscr{L}^{(t)} = \sum_{i=1}^{N} \left\{ l\left(y_i, \hat{y}_i^{(t-1)}\right) + u_i f_t(\boldsymbol{x}_i) + \frac{1}{2} v_i f_t^2(x_i) \right\} + \Omega(f_t) + \mathrm{const}$$

ここで，u_i と v_i は次のように定義される．

$$u_i = \frac{\partial l\left(y_i, \hat{y}_i^{(t-1)}\right)}{\partial \hat{y}_i^{(t-1)}}, \quad v_i = \frac{\partial^2 l\left(y_i, \hat{y}_i^{(t-1)}\right)}{\partial \left(\hat{y}_i^{(t-1)}\right)^2}$$

よって，t 個目の木を追加する場合には，次の $\mathscr{L}'^{(t)}$ を目的関数とすればよいことがわかる．

$$\mathscr{L}'^{(t)} = \sum_{i=1}^{N} \left\{ u_i f_t(\boldsymbol{x}_i) + \frac{1}{2} v_i f_t^2(\boldsymbol{x}_i) \right\} + \Omega(f_t) \tag{2.20}$$

次に，領域の考えを用い，木の関数 $f_t(\boldsymbol{x}_i)$ を次のように表現する．

$$f_t(\boldsymbol{x}_i) = \sum_{m=1}^{M} \mathbf{1}_{\{\boldsymbol{x}_i \in R_m\}} c_m$$

c_m は，各領域のスコアである．このとき，正則化関数の 1 つの表現として次のようなものを考える．

$$\Omega(f_t) = \gamma M + \frac{1}{2} \lambda \sum_{m=1}^{M} c_m^2$$

γ と λ は正則化に関するハイパーパラメータである．

このとき，t 個目の木を追加するときに用いる目的関数 $\mathscr{L}'^{(t)}$ は次のように表現することができる．

$$\begin{aligned}
\mathscr{L}'^{(t)} &= \sum_{i=1}^{N} \left\{ u_i f_t(\boldsymbol{x}_i) + \frac{1}{2} v_i f_t^2(\boldsymbol{x}_i) \right\} + \gamma M + \frac{1}{2} \lambda \sum_{m=1}^{M} c_m^2 \\
&= \sum_{m=1}^{M} \left\{ c_m \sum_{\boldsymbol{x}_i \in R_m} u_i + \frac{1}{2} c_m^2 \left(\sum_{\boldsymbol{x}_i \in R_m} v_i + \lambda \right) \right\} + \gamma M \\
&= \sum_{m=1}^{M} \left\{ c_m U_m + \frac{1}{2} c_m^2 (V_m + \lambda) \right\} + \gamma M
\end{aligned}$$

ここで $U_m = \sum_{\boldsymbol{x}_i \in R_m} u_i$，$V_m = \sum_{\boldsymbol{x}_i \in R_m} v_i$ である．

これにより，t 個目の木における領域の分割の最適化を考えることができる．この目的関数 $\mathscr{L}'^{(t)}$ に関し，t 個目の木の学習における時点の領域の分割方法 R_m $(m = 1, \dots, M)$ を固定した上で，新たに追加する領域のスコア c_m を求める

ことを考える．目的関数 $\mathscr{L}'^{(t)}$ は，c_m の 2 次関数であることがわかっていることから，その解析解 c_m^* を求めることができ，

$$c_m^* = -\frac{U_m}{V_m + \lambda}, \quad \hat{\mathscr{L}}^{(t)*} = -\frac{1}{2}\sum_{m=1}^{M}\frac{U_m^2}{V_m + \lambda} + \gamma M$$

となる．決定木とは異なり，$t-1$ までに求めた木から計算される U_m, V_m を用いて，最適化を行っていることがわかる．

このように領域の分割方法 R_m $(m = 1, \ldots, M)$ を決めれば，新しく追加する木のスコアが解析的に求まることがわかっていることから，決定木と同様に，領域の分割方法を決めればよいことがわかる．決定木と同様に，木の構造を追加することは，説明変数のデータ領域に対し，ある分割を加えることを意味するので，分割する前のある領域を R_m として，分割後を $R_{m,L}$ と $R_{m,R}$ とすると，分割前後の誤差関数の減少幅 $\mathscr{L}_{split}$ は次のように表現される．

$$\mathscr{L}_{split} = \frac{1}{2}\left\{\frac{U_L^2}{V_L + \lambda} + \frac{U_R^2}{V_R + \lambda} - \frac{(U_R + U_L)^2}{V_R + V_L + \lambda}\right\} - \gamma$$

これを分割の候補点の評価に用いればよい．c_m と同様に，$t-1$ までに求めた木から計算される U_m, V_m を用いて，最適化を行っていることがわかる．

前述したランダムフォレストでは，バギングで推定する木の組合せについて互いに独立であり，並列計算の処理に向いている．しかし，以上のようにブースティングでは木の推定が逐次的であり，木の数の方向に対し，並列計算ができないことがわかる．このため，計算時間が相対的にかかる手法であるが，XGBoost は，正確性を保ちつつ，計算時間を高速化するような演算処理を実装していることが特徴であり，利点である．しかしながら，ランダムフォレストなどの手法に比べれば計算時間を要することに変わりはなく，特にハイパーパラメータの決定の際などには，時間のかかるケースがあり，計算環境も重要となってくる．

c. 正則化

過学習を抑えて汎化性能を高めるための正則化に関する手法として，XGBoost で実装されているものを紹介する．

1) 縮小法

正則化の一種として縮小法を説明する．(2.19) 式を次のように修正する．

$$\hat{y}^{(t)} = \hat{y}^{(t-1)} + \nu f_t(\boldsymbol{x})$$

ここで ν という学習率を導入している．この学習率を小さくすると，同じ

学習回数 t では訓練誤差が大きくなるが，学習回数を増やすことで訓練誤差を小さくすることができる．学習率を $\nu < 0.1$ のように小さくし，学習回数を増やすことで，検証誤差が小さくなり，汎化性能が向上することが知られている．

2) 標本・変数のサンプリング

木の学習ごとに使用する学習データを一定の割合だけランダムにサンプリングする方法が挙げられる．また，木の学習ごとに学習に使用する変数をランダムに選択する方法も用いられる．

3) その他過学習を抑制する方法

1つずつの予測力の弱い木における葉の深さの最大値を制御したり，木の学習における分割の条件を制御する方法がある．

d. 分割点の検索方法

木の学習を行うにあたって必要となる領域の分割のイメージを図 2.10 に示す．前節で説明した領域の分割にあたっては，あるデータ項目に対し，まず可能な分割点ごとにすべて探索する方法が考えられる．これを Exact Greedy Algorithm といい，Algorithm 3 に示している．しかし，Exact Greedy Algorithm は，考えられるすべての分割点を探索するため，計算負荷が重く計算時間を要する．この

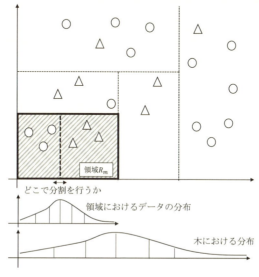

図 2.10　領域の分割のイメージ

Algorithm 3　Exact Greedy Algorithm

入力: I, 対象とする領域

$score \leftarrow 0$

$U \leftarrow \sum_{i \in I} u_i, V \leftarrow \sum_{i \in I} v_i$

for $k = 1$ **to** m **do**

　$U_L \leftarrow 0, V_L \leftarrow 0$

　for j in 領域 I 内のデータ x_{jk} **do**

　　$U_L \leftarrow U_L + u_j, V_L \leftarrow V_L + v_j$

　　$U_R \leftarrow U_R - u_j, V_R \leftarrow V_R - v_j$

　　$score \leftarrow \max(score, \frac{U_L^2}{V_L + \lambda} + \frac{U_R^2}{V_R + \lambda} - \frac{U^2}{V + \lambda})$

　end for

end for

出力: 最大の $score$ 点で分割

ため，近似手法 (Approximate Algorithm) も用いられる.

　近似手法を，Algorithm 4 に示す．各入力変数の分布を考え，その分位点を分割候補点とする方法である．入力変数の分布は，経験分布から計算できる．分布を考えるにあたっては，木全体の分布を考える方法と，各領域における分布を考える手法があるが，Chen and Guestrin[20] では，数値例を用い，各領域における分布を考える方法のほうが，精度が高いことを示している．また，近似手法を用いる際に，(2.20) 式の変形が以下のように表されることから，v_i で重みづけをした重みづけ分位点で候補点を決める方法がある.

$$\mathscr{L}'^{(t)} = \sum_{i=1}^{N} \frac{1}{2} v_i \left\{ f_t^2(\boldsymbol{x}_i) - u_i/v_i \right\}^2 + \Omega(f_t) + \mathrm{const}$$

Algorithm 4　Approximate Algorithm

for $k = 1$ **to** m **do**

　データ項目 k に対して，分割候補点 $S_k = \{s_{k1}, s_{k2}, ..., s_{kl}\}$ を選ぶ.

　分割は，葉の領域内で考える方法と木全体の領域内で考える方法がある.

end for

for $k = 1$ **to** m **do**

　$U_{kv} \leftarrow \sum_{j \in \{j | s_{k,v} \geq x_{jk} > s_{k,v-1}\}} u_j$

　$V_{kv} \leftarrow \sum_{j \in \{j | s_{k,v} \geq x_{jk} > s_{k,v-1}\}} v_j$

end for

Algorithm 3 に従い，最大の分割点を探す.

---

e.　データの欠損に対する対応

　データにおいて欠損値がある場合，平均値や他の代表値で補完する方法も考えられるが，ブースティング木においては，欠損値があるデータがどちらの領域に

分類されるか，データに基づいて推定することができる．領域の分割において欠損値をもつデータがどちらの領域に分類されるか，それぞれの場合で $\mathscr{L}_{\text{split}}$ を計算すればよい．

f. XGBoost の Python での実装

ここでは，XGBoost を Windows OS 上で Python から使用する場合に必要なインストール作業について説明する．

1) https://gitforwindows.org/ から Git をインストールする．
2) https://cmake.org/download/ から CMake をインストールする．インストール時に，CMake をシステムパスに加えるオプションを選択する．図 2.11 を参照．

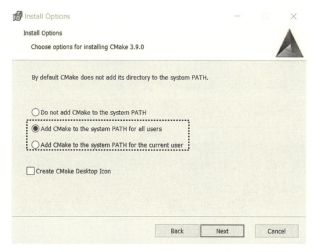

図 2.11 CMake のシステムパスのオプション

3) https://www.visualstudio.com/ja/downloads/ から Visual Studio Community 2017 をインストール．このとき，"ワークロード"の "C++によるデスクトップ開発"を選択しインストールする．
4) コマンドプロンプトを立ち上げ，以下を実行する．なお，作業ディレクトリは，任意で選択すればよい．
   a) 以下のコマンドを実行し，xgboost のリポジトリを recursive オプションをつけてクローンする．

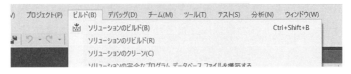

図 **2.12** Visual Studio でのビルド方法

```
>> git clone --recursive https://github.com/dmlc/xgboost
```

b) xgboost というディレクトリができているので移動する.

```
>> cd xgboost
```

c) build というディレクトリを作成し,移動する.

```
>> mkdir build
>> cd build
```

d) 以下のコマンドを実行し,Visual Studio 2017 を使いビルドするために必要なファイルを cmake で生成する[21].

```
>> cmake .. -G"Visual Studio 15 2017 Win64"
```

e) xgboost.sln が,./xgboost/build フォルダ内にできている.このファイルを Visual Studio で立ち上げ,ツールバーの"ビルド"から"ソリューションのビルド"を実行.

f) ビルド完了後,コマンドプロンプトで,./xgboost/python-package というディレクトリに移動.

```
>>cd ../
>>cd python-package
```

g) 以下のコマンドを実行し,XGBoost のインストールが完了する.

```
>>python setup.py install
```

---

[21] GPU を使用する場合,Visual Studio 2015 と CUDA をインストールし,コマンドを cmake .. -G"Visual Studio 14 2015 Win64" -DUSE_CUDA=ON とする.GPU は,'tree_method' の引数を 'gpu_exact' もしくは 'gpu_hist' にすることで使用できるが,GPU が Pascal アーキテクチャより古い場合,遅くなるとされている.

2.2.4 ブースティング木 (XGBoost) で非金利収入予測モデルを作る

金融機関などで予算計画を策定するときに難しいものの1つに，投資信託などの販売手数料や金融派生商品 (デリバティブ) 取引の手数料などに代表される，市場系の非金利収入の予測がある．ここでは，日次の非金利収入データを市場データから予測するモデルをもとにブースティング木のXGBoostによる推定を説明する．さらに，決定木やランダムフォレスト，後述のDNNとの交差検証による比較も行う．

a. データの概要

いま，約3年分 (768日分) の日次の非金利収入データと説明変数がスプレッドシートに格納されている．縦軸が時間軸 (日次) で，768日分の各説明変数の日次データを横軸に並べたものである．横軸の変数は各日の非金利収入 (被説明変数)，説明変数になりそうな計87種類の説明変数 (為替レート，金利，株式，ボラティリティ，VIX指数などの42種類の市場データ (表2.1参照) について，それぞれ実数と前日値との差額の2種類，計42×2 = 84種類と季節性を説明するための，月，日，曜日の3種類) がある．

ここでは予測モデルとして，①当日までの87変数から当日の非金利収入を推定するモデル (以下「当日モデル」) と②非金利収入を説明変数として加えた前日までの88変数から翌日の非金利収入を推定するモデル (以下「前日モデル」) の2

表 2.1　42種類の市場データ

No.	CCY	Products	Term	No.	CCY	Products	Term
1			6M	22			1x1
2	JPY	IR	5Y	23	EUR	IR Volatility Normal	5x5
3			10Y	24			10x10
4			3M	25			1x1
5	USD	IR	5Y	26	AUD	IR Volatility Black	5x5
6			10Y	27			10x10
7			6M	28	USD	VIX	
8	EUR	IR	5Y	29	JPY	VIX	
9			10Y	30	EUR	VIX	
10			3M	31	JPY	Equity	
11	AUD	IR	5Y	32	USD	Equity	
12			10Y	33	EUR	Equity	
13			1x1	34	USD	FX	
14	JY	IR Volatility Normal	5x5	35	EUR	FX	
15			10x10	36	AUD	FX	
16			1x1	37	JPY	FX Volatility	1M
17		IR Volatility Normal	5x5	38			1Y
18			10x10	39	EUR	FX Volatility	1M
19	USD		1x1	40			1Y
20		IR Volatility Black	5x5	41	AUD	FX Volatility	1M
21			10x10	42			1Y

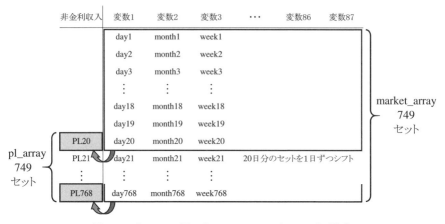

図 2.13　当日モデル用の元データ csv ファイルの 2 次元構造

図 2.14　前日モデル用の元データ csv ファイルの 2 次元構造

つのモデルのパフォーマンスを推定する．①について説明変数の元データ構造を図解すれば図 2.13 のような 749 列 ×87 行の 2 次元配列データ，②については図 2.14 のような 748 列 ×88 行の 2 次元配列データである．

また，本例で使用した非金利収入の日次 PL データは，数字をわかりやすくするために 1 日あたりの平均が 1,000,000 円となるよう調整済みである．標準偏差は，833,842 円で，分布については図 2.15 のヒストグラムの通りである．

b. XGBoost によるブースティング木の実装

ここでは，単に 20 日分の変数を説明変数として予測するモデルを推定する方

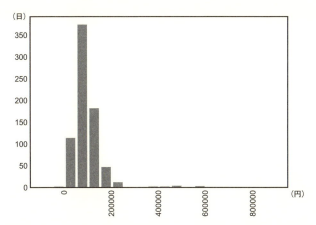

図 2.15　768 日の日次非金利収入 (平均 1,000,000 円へ調整後) の分布状況

法を説明し，XGBoost の機能を概説する[*22)]．

ソースコード 2.1 は，実際の推定を行ったものである．後ほど 5.3 節で紹介する CNN のケースと異なり，説明変数のラグについては，単に変数を並べるだけで時系列の関係を考慮していない．

まず，ソースコード 2.1 の「次元の取得とラグの設定」で分析用データの生成をしている．'days_cycle' や 'test_num'，'days_type' でラグや検証データの数，説明変数に当日データを含めるかどうかが指定できる．

次に，「XGB 用データフォーマットへの変更」では，numpy や pandas 形式のデータを XGBoost 用のデータフォーマットに変換している．また，「パラメータの設定」では，前節で説明した正則化にかかるハイパーパラメータを設定している．これらのハイパーパラメータは，グリッドサーチなどにより探索する必要があり，実際 scikit-learn の API や 'xgboost.cv' というオリジナルの API でこれらのパラメータの探索・交差検証を行うことができる．実際に推定を行っているのが 'xgb.train' である．

ソースコード 2.1　Python3.5 DerivaPL XGBoost

```
1  import pandas as pd
2  import numpy as np
3  import matplotlib.pyplot as plt
4  import seaborn as sns
```

[*22)] ここでは，モデルやその結果の解釈を説明するため，scikit-learn の API は使用しない．

30　　　　　　　2.　金融データ解析のための定番非線形モデル

```python
import xgboost as xgb

np.random.seed(10)

# 表データの取得
data_path = 'data.csv'
data_df = pd.read_csv(data_path) #デフォルトで1行目をヘッダーとして認識
data_array =np.array(data_df)
column_name_list =  np.array(data_df.columns)

# 次元の取得とラグの設定
M = data_array.shape[0]
N = data_array.shape[1]
days_cycle = 20      #ラグの数
test_num = 48        #検証データの数
days_type =1         #0:当日モデル，1:前日モデル

# PL部分と説明変数の取得
pl_array = data_array[(days_cycle-1+days_type):M,0]
market_array = data_array[0:(M-days_type),(1-days_type):N]
column_name_list_pl =np.array(column_name_list[0])
column_name_list_market = np.array(column_name_list[(1-days_type):N
    ])

# 分析用データの生成
data_X =market_array[(days_cycle-1):(M-days_type),:]
column_name_data_X = (column_name_list_market + '_' + str(days_type
    ))

# lag変数を生成
for var in range(1, days_cycle):
    data_X = np.c_[data_X, market_array[(days_cycle-var-1):(M-var-
        days_type),:]]
    column_name_data_X = np.r_[column_name_data_X,(
        column_name_list_market + '_' + str(var+days_type))]

# 次元の再取得
M2 = data_X.shape[0]
N2 = data_X.shape[1]
M1 = M2 - test_num

# 学習用データと検証用データへの分割
y_train = pl_array[0:M1]
x_train = pd.DataFrame(data_X[0:M1,:])
x_train.columns = column_name_data_X

y_test = pl_array[M1:M2]
x_test = pd.DataFrame(data_X[M1:M2:,:])
x_test.columns = column_name_data_X

# XGB用データフォーマットへの変更
dtrain = xgb.DMatrix(x_train.as_matrix(),label=y_train.tolist())
dtest = xgb.DMatrix(x_test.as_matrix(),label=y_test.tolist())
dtrain.feature_names =column_name_data_X
```

```
55  dtest.feature_names =column_name_data_X
56
57  # 学習用データと検証用データのセットを生成
58  evallist  = [(dtest,'eval'), (dtrain,'train')]
59
60  # パラメータの設定
61  params={'silent': 1,                    #計算過程の表示
62          'booster': 'gbtree',            #モデルのタイプ
63          'colsample_bytree': 0.6,        #木での変数のサンプリングの割合
64          'colsample_bylevel': 0.6,       #各分割点でのサンプリングの割合
65          'subsample': 0.6,               #標本のサンプリングの割合
66          'learning_rate': 0.1,           #学習率
67          'max_depth': 5,                 #木の深さの最大値
68          'min_child_weight': 1e-07,      #
                     H_jの最小値．この値より小さい場合，葉の分割を停止
69          'objective': 'reg:linear',      #損失関数の指定
70          'reg_alpha': 1,                 #正則化の係数 γ
71          'reg_lambda': 10                #正則化の係数 λ
72          }
73  num_round=50                            #木の数
74
75  evals_result = {}  #学習結果保存用の空データ
76  bst=xgb.train(params,dtrain,num_round,evallist,evals_result=
        evals_result)
77
78  # 学習曲線の取得
79  learn_array = np.c_[evals_result['eval']['rmse'],evals_result['train
        ']['rmse']]
80  learn_df = pd.DataFrame(learn_array)
81  N0=learn_array.shape[0]
82
83  # 学習曲線の保存
84  learn_df.to_csv('Xgb'+ str(days_type) +'_lean_curve.csv')
85
86  # 学習曲線のプロット
87  plt.plot(range(N0),learn_array[:,0], linestyle="solid")
88  plt.plot(range(N0),learn_array[:,1], linestyle="dashed")
89  plt.savefig('Xgb'+ str(days_type) +'_lean_curve.eps')
90  plt.show()
91
92  # 変数の重要度の取得
93  imp=bst.get_score(importance_type='gain')
94  importance_frame = pd.DataFrame({'Importance': list(imp.values()), '
        Feature': list(imp.keys())})
95  importance_frame.sort_values(by = 'Importance', ascending = False,
        inplace = True)
96  importance_frame.to_csv('Xgb'+ str(days_type) +'_importance.csv')
97
98  # 変数の重要度のプロット
99  xgb.plot_importance(bst, max_num_features=10,importance_type='gain')
100 plt.rcParams["font.size"] = 9
101 plt.tick_params(labelsize=9)
102 plt.tight_layout()
103 plt.savefig('Xgb'+ str(days_type) +'_feature_gain.eps')
```

```
104  plt.show()
105
106  # モデルによる予測値の計算
107  y_pred1 = bst.predict(dtrain)
108  y_pred2 = bst.predict(dtest)
109
110  # 学習期間におけるモデルによる予測値と実績値のプロット
111  plt.plot(range(M1),y_train, linestyle="solid", linewidth=0.5)
112  plt.plot(range(M1),y_pred1, linestyle="dashed")
113  plt.savefig('Xgb'+ str(days_type) +'_pred_train.eps')
114  plt.show()
115
116  # 検証期間におけるモデルによる予測値と実績値のプロット
117  plt.plot(range(test_num),y_test, linestyle="solid")
118  plt.plot(range(test_num),y_pred2, linestyle="dashed")
119  plt.savefig('Xgb'+ str(days_type) +'_pred_test.eps')
120  plt.show()
121
122  # 全期間におけるモデルによる予測値と実績値のプロット
123  plt.plot(range((M1+test_num)),np.r_[y_train,y_test], linestyle="
        solid", linewidth=0.5)
124  plt.plot(range((M1+test_num)),np.r_[y_pred1,y_pred2], linestyle="
        dashed")
125  plt.savefig('Xgb'+ str(days_type) +'_pred_all.eps')
126  plt.show()
127
128  # モデルによる予測値と実績値のプロット
129  result_pred = pd.DataFrame(np.c_[y_train, y_pred1])
130  result_pred.to_csv('Xgb'+ str(days_type) +'_pred_train.csv')
131  result_pred = pd.DataFrame(np.c_[y_test, y_pred2])
132  result_pred.to_csv('Xgb'+ str(days_type) +'_pred_test.csv')
133
134  # 木構造の保存
135  bst.dump_model('Xgb'+ str(days_type) +'_result_tree.txt')
136
137  # 木構造のプロット
138  xgb_tree = xgb.plot_tree(bst, num_trees=0)
139  xgb_tree.format='eps'
140  xgb_tree.render()
141
142  # モデルの保存
143  bst.save_model('Xgb'+ str(days_type) +'_Trading.model') #保存
144  #bst.load_model('Trading.model')      #読み込み
```

ここからは，'xgb.train'で推定したモデルの出力結果について，説明を行う.

1) 学習曲線 (「学習曲線の取得・プロット」)

　図 2.16 は，'evals_result'で取得した学習結果を図示したものである.
'num_round'で指定した木の数の分だけ学習を行っている.

2) 変数の重要度 (「変数の重要度の取得・プロット」)

　図 2.17 は，'xgb.plot_importance'により表示した重要度の上位 10 変数

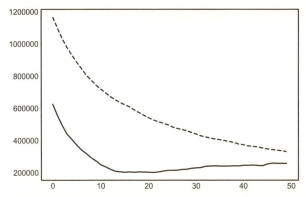

図 2.16 XGBoost による非金利収入予測モデルの学習曲線
点線は学習データの平方平均二乗誤差，実線は検証データの平方平均二乗誤差.

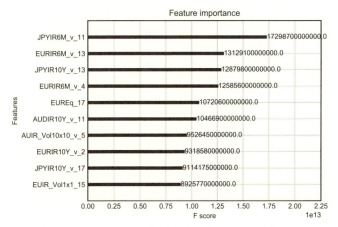

図 2.17 XGBoost による非金利収入予測モデルの重要度 (gain)
重要度が大きい 10 個を図示.

のグラフである．ここで重要度は，ランダムフォレストで説明した情報利得の減少量により計算されている．'importance_type=' という引数を使った場合，'gain' は情報利得の減少値[23]，'weight' は木における分割で各変数が出現した回数，'Cover' は各変数が各領域の分割に用いられたときに元となる領域におけるサンプル数の平均値である．11 営業日前円金利の水準や 13 営業日前のユーロ金利の水準が重要な要素となっていることが見てと

---

[23] XGBoost のデフォルトでは 'weight' が出力される．

れる．また'.get_score'により重要度をデータとして取得することも可能である．

3) モデルの予測値 (「モデルによる予測値」)

図 2.18 は，'.predict'により，説明変数から推定されたモデルが予測した予測値を示している．これにより，モデルの予測精度などを視覚的に確認することができる．

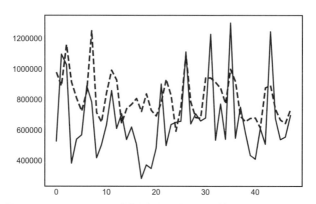

図 **2.18** XGBoost による非金利収入予測モデルの検証データのプロット
実線が実績値．点線はモデルによる予測値．

4) 木の構造 (「木の構造の取得・プロット」)

図 2.19 は，推定された木の 1 つの構造を 'xgb.plot_tree' により図として確認したものである [*24]．わかりやすくするため，木の深さの最大値を 2 とした場合の推定結果を用いている．図を見ると，まず 1 つ目のノードで，米ドル 3 か月物金利の水準の 11 営業日前の水準が 0.227725 より上か，下かで分岐している．水準が 0.227725 より下の場合には左のノードに，上の場合には右のノードに続いている．なお，図中の missing は，欠損の場合，左のノードに続くことを意味する．前述の通り XGBoost では，欠損の場合でも推定が可能だが，この分析では欠損データがなく，デフォルトの設定で左のノードに分類がされている．2 つ目の左のノードでは，豪ドル (対米ドル) 1 か月物為替オプションのインプライドボラティリティで，6 営業日

[*24] Graphviz のインストールが，p.191 に従い，必要である．また，インストール後に pip install graphviz を行う必要がある．

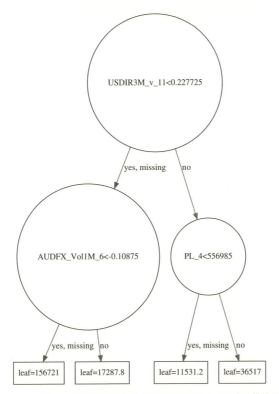

図 2.19 XGBoost による非金利収入予測モデルの 1 つの木の構造の例

前に前日比 −0.10875 を下回る動きの場合には 156721 を推定結果に加え，そうでない場合に，17287.8 を加えることを意味している．右のノードも同様の見方となる．また，木の構造の結果は，'.dump_model' によりテキストファイルで取得できる．結果のイメージは，図 2.20 に示している．

5) モデルの保存

モデルの推定結果の保存は，'.save_model' により行うことができる．

c. 他のモデルとの比較

ここでは，決定木やランダムフォレスト，DNN, 第 4 章で紹介する CNN といったブースティング木以外のモデルと交差検証により，精度の比較を行う．指標には，平方平均二乗誤差を用いている．

ハイパーパラメータについては，DNN, CNN 以外は，訓練データで交差検証によるグリッドサーチで最適化を行っている．

```
booster[X]:
0:[USDIR3M_v_11<0.227725] yes=1,no=2,missing=1
        1:[AUDFX_Vol1M_6<-0.10875] yes=3,no=4,missing=3
                3:leaf=156721
                4:leaf=17287.8
        2:[PL_4<556985] yes=5,no=6,missing=5
                5:leaf=11531.2
                6:leaf=36517
Booster[Y]:
0:[PL_10<1.00317e+06] yes=1,no=2,missing=1
        1:[Day_11<15.5] yes=3,no=4,missing=3
                3:leaf=28471.1
                4:leaf=11732.7
        2:[USIR_Vol5x5_v_11<92.25] yes=5,no=6,missing=5
                5:leaf=37487.1
                6:leaf=107199
```

図 2.20 XGBoost による非金利収入予測モデルの木の構造の出力結果.

表 2.2 ハイパーパラメータ

モデル	ハイパーパラメータ
決定木	最大の深さ：5, 葉の最小サンプル数：10, 分割時の最小サンプル数：10
ランダムフォレスト	木 (Estimator) の数=10, 最大の深さ=10, 葉の最小サンプル数：10, 分割時の最小サンプル数：30
ブースティング木	学習率=0.1, min child weight=10^7, 木 (Estimator) の数=50, 最大の深さ=5 $\gamma:1, \lambda:10$, 木の変数, 各分割点の変数, 標本の各サンプリング割合：0.6
DNN	活性化：ReLU, 5 層, ドロップアウト：0.4〜0.6
CNN	活性化：ReLU, Leaky ReLU, 5 層, ドロップアウト：0.4〜0.6

検証に使用するハイパーパラメータは，表 2.2 の通りである．

ここでは，分析対象が時系列データであることから，交差検証におけるデータの分割方法は Bergmeir and Benítez[22] と同様に，時系列とする．時系列データでの交差検証のイメージは，図 2.21 のようになる．scikit-learn には，時系列での交差検証用の TimeSeriesSplit という関数がある．

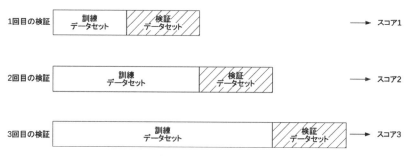

図 2.21 時系列データでの交差検証のイメージ
3 分割交差検証を示している．

2.2 決定木とそのアンサンブルモデル　　37

　ここでの検証は 10 分割の交差検証を用いるが，観測数が少なく，一定数の訓
練データを確保するため，最初の 5 つの検証誤差についてはモデル精度の検証に
用いず，後半の 5 つの平方平均二乗誤差の平均でハイパーパラメータを決定して
いる．

　また，モデルの検証には，交差検証に加え，ホールドアウト法の結果も示して
いる．平方平均二乗誤差の結果は，表 2.3 に示している通りである．訓練データ
は，最適なハイパーパラメータを用いた交差検証による平方平均二乗誤差を示し，
検証データは，訓練データから推定されたパラメータを用い，観測期間の最後の
48 日間のデータで平方平均二乗誤差を計算したもので，ホールドアウト法にあた
る．ここでのモデルの精度の判断には，より精度が高いといわれる交差検証の結
果を用いる．

表 2.3　非金利収入モデルにおけるモデル間の平方平均二乗誤差の比較
訓練データは，最適なハイパーパラメータを用いた 10 分割交差検証による平方平均二
乗誤差を示している．検証データは，訓練データから推定されたパラメータを用い，検
証データの平方平均二乗誤差を計算したものである．DNN, CNN の () 内はエポック数
である．

モデル	当日モデル		前日モデル	
	訓練データ	検証データ	訓練データ	検証データ
決定木	507,434	495,718	477,616	356,169
ランダムフォレスト	456,072	424,523	432,032	314,659
ブースティング木	468,801	325,347	426,733	257,362
DNN (2000)	585,584	281,718	650,180	356,248
DNN (10000)	709,800	352,124	637,295	301,411
CNN (2000)	621,598	248,737	593,567	239,004
CNN (10000)	644,842	279,972	614,388	251,294

　まず，全体的に，当日モデルよりも前日モデルの方が誤差が小さくモデルの精
度が高いことがわかる．市場データだけでなく，前日までの収益の動きが予測精
度向上に寄与しているということである．

　また，訓練データの交差検証による誤差の水準を見ると，前日モデルの中でも，
ランダムフォレストとブースティング木が低くなっていることがわかる．DNN や
CNN については，訓練データでの交差検証結果は優れていない．これは，DNN
や CNN が一般に学習に際して大量のデータを必要とすることや，ハイパーパラ
メータの最適化を行っていないことに起因している可能性があると考えられる．

　また，ホールドアウト法による検証データでの誤差を確認すると，決定木やラ

ンダムフォレストと比較し，交差検証で精度の高いブースティング木が相対的に
安定して優れた結果となっているが，CNN はさらによい結果となっている．分析
の対象が時系列データであり，ある期間のみ偶然精度が高いといった現象も生じ
うるため，検証方法には注意が必要である．

ただし，図 2.18 に示したように検証期間で，必ずしもブースティング木が全体
の傾向をとらえられているともいえず，さらなる観測数や説明変数の確保が重要
と考えられる．

さらに，決定木をベースにしたモデルでは，変数の重要度が確認できるため，
表 2.4 に前日モデルにおける重要度上位 10 変数を示している．ここでは，各モデ
ルの重要度の合計が 1 になるよう基準化し，変数間の相対的な重要度を示してい
る．この結果から，最も単純な決定木では，相対的に特定の変数に対する重要度
が高くなっており，アンサンブルモデルでは，重要度がより複数の変数にわたり
分散されていることがわかる．また，決定木とランダムフォレストでは，5 営業
日前の PL が重要となっているが，ブースティング木では，より金利関連の指標
が重要と判断されており，同じ決定木をベースにしたモデルでも，重要な変数が
異なることが確認される．

表 2.4　前日モデルの変数の相対重要度 (上位 10 変数)

決定木		ランダムフォレスト		ブースティング木	
変数	相対重要度	変数	相対重要度	変数	相対重要度
PL_5	0.528	PL_5	0.177	JPYIR6M_v_11	0.025
PL_1	0.211	PL_1	0.127	EURIR6M_v_13	0.019
Week_2	0.086	Week_1	0.052	JPYIR10Y_v_13	0.019
JYIR_Vol10x10_v_13	0.044	EURIR6M_v_6	0.032	EURIR6M_v_4	0.018
PL_8	0.033	AUIR_Vol10x10_v_2	0.028	EUREq_17	0.016
Day_1	0.030	PL_10	0.028	AUDIR10Y_v_11	0.015
USDVIX_v_19	0.027	AUDIR5Y_v_4	0.018	AUIR_Vol10x10_v_5	0.014
EURFX_13	0.025	Week_4	0.016	EURIR10Y_v_2	0.013
USDIR3M_17	0.015	PL_3	0.014	JPYIR10Y_v_17	0.013
		AUDIR5Y_v_3	0.013	EUIR_Vol1x1_15	0.013

以上の検証結果から，アンサンブルモデルであるブースティング木の相対的な
精度の高さが確認された．また，アンサンブルモデルでも，推定方法によって精
度や変数の重要性が変わることがわかり，交差検証等によるモデルの精度の検証
が重要となることがわかる．

2.2.5 ディープフォレスト

ディープニューラルネットワークと同等な計算精度をもつ決定木のアンサンブルモデルとして，**Zhou and Feng**[23] によってディープフォレストが提案されている *25)．本節は，まず手法について説明し，**Zhou and Feng**[23] をもとに時系列データにおける実装を試みる．

ディープフォレストは，次の3点でディープニューラルネットワークより優れたモデルをめざしている．1つ目は，決定木をベースとする構造により，GPU のような高度なマシンリソースを必要としないことである．2つ目は，大規模データを必ずしも必要とせず，小規模データから効率よく学習できることである．3つ目は，ハイパーパラメータのチューニングが比較的容易であることである．ハイパーパラメータの数が少なく，交差検証を用いながらカスケード (Cascade) 構造の深さを選択することが可能である．

本項では，時系列データから多クラスの分類を予測する問題を対象に説明を行う *26)．**Zhou and Feng**[23] の提案するディープフォレストは，多粒子スキャニング (Multi-Grained Scanning) とカスケードフォレスト (Cascade Forest) という2つの仕組みからなる．これらはスタッキング (Wolpert[24]) に近い考えが用いられている．

a. 多粒子スキャニング (**Multi-Grained Scanning**)

DNN の枠組みでは，時系列データに対して再帰的ニューラルネットワークや 5.3 節で紹介するように CNN が用いられる．これらのモデルを用いることで，時系列データがもつ系列間の関係がとらえられる．時系列データの分析イメージは図 2.22 の通りである．このモデルでは時系列データの直近 t 期間からあるクラスや値を予測する．例えば，日経平均の直近1年の動きから翌日の株価の変動を予測したり，自然言語処理の分野で直近の文脈から次の言葉を予測するモデルである．

時系列データからあるクラスを予測する問題を考えるとき，単に期間 t の時系列データをそれぞれ1つの特徴量として，推定する方法が考えられる．しかし，

---

*25) Zhou and Feng[23] では，提案している決定木のアンサンブルモデル：gcForest (multi-Grained Cascade Forest) について，ディープニューラルネットワークの対語かつランダムフォレストの拡張としてディープフォレストとも呼んでいる．

*26) Zhou and Feng[23] では，画像認識についても対象としている．

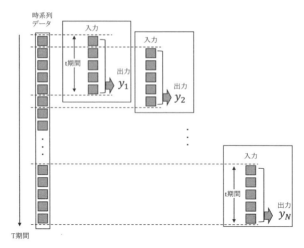

図 2.22 時系列データの分析のイメージ

この方法では，後ほど 5.3 節でも紹介するように，時系列で隣接するデータの関係性がもつ情報が適切にとらえられない可能性がある．多粒子スキャニングは，時系列の入力から新たに系列間の情報・特徴を表す変数をつくることが目的である．このため，多粒子スキャニングでは，まず入力となる時系列データの一部と出力を用い，規模の小さいランダムフォレストを推定しクラスの予測確率を算出する．これにより出力に影響のある系列間の情報を取り出すことができる．さらに，入力全体の系列間の情報を取り出すため，時系列データの一部をウィンドウとしてスライドさせていき，それぞれクラスの予測確率をランダムフォレストにより推定・算出していく．この過程を表したのが図 2.23 である．説明変数の期間を t，ウィンドウの幅を dt とすると，多粒子スキャニングでは新たに $(t-dt+1) \times$ クラス数だけの変数が生成される．

具体的な多粒子スキャニングの実装例が，ソースコード 2.2 である．本節のランダムフォレストの推定には，scikit-learn の RandomForestClassifier を用いている．

ソースコード 2.2　Python3.5 Multi-Grained Scanning

```
1  import pandas as pd
2  import numpy as np
3  from sklearn.ensemble import RandomForestClassifier
4
5  class MGS:
```

2.2 決定木とそのアンサンブルモデル

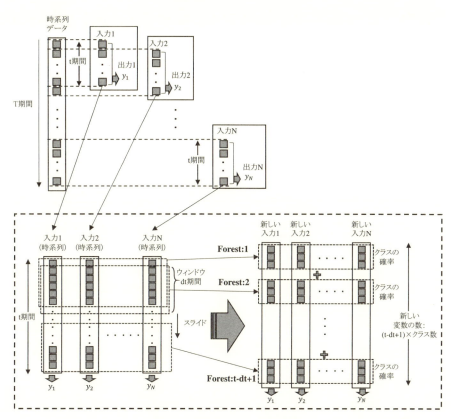

図 2.23 多粒子スキャニングの構造

```
 6      def go(self, X, y, nt, params):
 7          X = np.array(X)   # 時系列データ (n*1)
 8          n = X.shape[0]    # 時系列データの長さ
 9          # y: 出力 (n*1)   # nt: ウィンドウサイズ
10
11          # ランダムフォレストのパラメータ設定
12          RF_bst = RandomForestClassifier(criterion=params['criterion'
                ],
13                  max_depth=params['max_depth'],
14                  max_features=params['max_features'],
15                  min_samples_leaf=params['min_samples_leaf'],
16                  min_samples_split=params['min_samples_split'],
17                  n_estimators=params['n_estimators'],
18                  n_jobs=params['n_jobs']
19                  )
20
21          # 多粒子スキャニングの実行
22          for i in range((n-nt+1)):
```

```
23            tr_X = X[np.arange((1+i),(i+nt)),:].T
24            RF_bst.fit(tr_X,y.astype(str))
25            if i ==0:
26                New_data = RF_bst.predict_proba(tr_X).T
27            else:
28                New_data = np.r_[New_data,RF_bst.predict_proba(tr_X
                    ).T]
29        return pd.DataFrame(New_data.T)
```

b. カスケードフォレスト (Cascade Forest)

次に，カスケードフォレストを説明する．ディープニューラルネットワークの多層構造にならい，図2.24に示したようにカスケード構造を導入する．このカスケード構造を順を追って説明する．まず1番左の入力変数は，多粒子スキャニングで生成された新たな変数である．1つ目の層では，これらの入力変数に対し複数のランダムフォレストを推定し，それぞれのランダムフォレストで推定されたクラスの予測確率を算出する．例えば，3クラスの推定問題で，1層に4つのランダムフォレストがあるとき，12 (= 4×3) 個の予測確率が算出される．カスケードフォレストでは，これらの確率を次の層の入力変数の一部として追加する．次の層では，最初の入力変数に，1層目で推定されたクラスの予測確率を加え，拡張した入力変数に対し，1層目と同様に複数のランダムフォレストを推定する．これを何層も繰り返し加えていく手法がカスケードフォレストである．各層における1つのランダムフォレストの推定方法を表したものが図2.25である．まず，データ

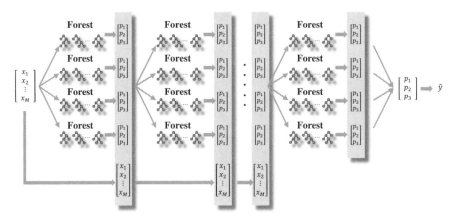

図 2.24　カスケードフォレストの構造

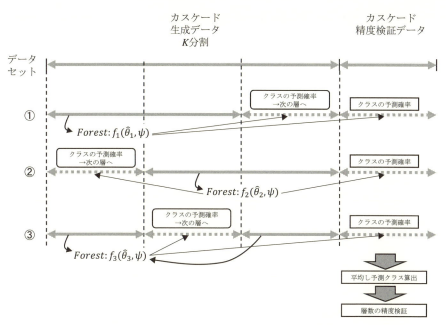

図 2.25　1つの層内の1つのランダムフォレスト推定方法

をカスケード生成データとカスケード精度検証データ[*27)]に分割する．カスケード生成データでは，スタッキングで行われるようなK分割交差検証にならった予測確率の推定が行われる．各ランダムフォレストに対し学習はK回行われ，カスケード生成データ内の訓練データで推定されたモデルから，カスケード生成データ内の検証データの予測確率を算出する．これにより各データが検証データとされたときに算出された予測確率をこの層の出力とする．このとき，クラスの確率は，複数のランダムフォレストの平均として算出される．

そして，カスケード精度検証データについては，K分割で推定されたK個のモデルそれぞれに対し予測確率を計算し，その平均確率からクラスを予測する．この予測結果から層を増やしたことによる精度の検証を行う．つまり，層を増やしたことでカスケード精度検証データの精度が落ちたとき，層の追加を停止する．以上がカスケードフォレストの推定方法である．

[*27)]　生成データ内のK分割交差検証法による検証データと区別するため，カスケード精度検証データと呼ぶ．

44　　　　2.　金融データ解析のための定番非線形モデル

　具体的な,カスケードフォレストの実装例が,ソースコード 2.3[*28)] である.Zhou and Feng[23] ではランダムフォレスト 2 個と完全ランダムフォレスト 2 個の組合せが紹介されているが,ここではランダムフォレストのみの例を示す.スタッキングと同様にランダムフォレスト以外の手法を組み合わせることも可能である.

ソースコード **2.3**　Python3.5 Cascade Forest

```
1   import pandas as pd
2   import numpy as np
3
4   from sklearn.ensemble import RandomForestClassifier
5   from sklearn.metrics import accuracy_score
6   from sklearn.model_selection import train_test_split
7   from sklearn.model_selection import KFold
8
9   class cascade_forest:
10      def __init__(self):
11          self.class_ = 0 # クラス
12          self.n_cascade = 0 # 推定されたカスケードの数
13          self.n_kfold = 0 # K分割交差検証の分割数
14          self.n_model = 0 # ランダムフォレストの数
15          self.RF_model={} # 推定されたランダムフォレスト(RF)
16          self.RF_params={} # RFのハイパーパラメータ
17          self.RF_estimator={} # RFのパラメータ
18
19      def predict_class(self,tr_X,te_y):
20          # 推定されたカスケードフォレストによるクラスの予測とその精度
21          Y_pred_te_ = self.predict(tr_X)
22          y_pred_class = Y_pred_te_.argmax(axis=1)
23          acc = accuracy_score(te_y,y_pred_class)
24          result = {}
25          result[0] = acc
26          result[1] = y_pred_class
27          return result
28
29      def predict(self,te_X):
30          # 推定されたカスケードフォレストによるクラスの予測とその精度
31          n_max_cascade = self.n_cascade
32          n_kfold = self.n_kfold
33          n_model = self.n_model
34          class_ = self.class_
35          te_X_ = te_X
36          for j in range(n_max_cascade):
37              for i in range(n_model):
38                  for k in range(n_kfold):
39                      #set model
40                      RF_bst = self.RF_model[j][i][k]
```

[*28)]　Zhou and Feng[23] では多粒子スキャニングの複数のウィンドウサイズの出力を用いる場合,ウィンドウサイズ毎にカスケードの層を設定しているが,ここでは 1 つの層ですべてを考慮する場合を示している.

2.2 決定木とそのアンサンブルモデル　　　　　　　　　45

```
41                    RF_bst.set_params = self.RF_params[j][i][k]
42                    RF_bst.estimators_ = self.RF_estimator[j][i][k]
43                    if i==0 and k ==0:
44                        Y_pred_te = RF_bst.predict_proba(te_X)
45                    else:
46                        Y_pred_te += np.array(pd.DataFrame(RF_bst.
                             predict_proba(te_X), columns=RF_bst.
                             classes_).loc[:,class_] )
47            Y_pred_te /= (n_kfold*n_model)
48            Y_pred_te_ = Y_pred_te
49            te_X =pd.concat([te_X_, pd.DataFrame(Y_pred_te,index=
                 te_X.index)],axis=1)
50        return Y_pred_te
51
52    def fit(self,tr_X, tr_y, n_kfold, n_max_cascade, params):
53        # カスケードフォレストの推定
54        test_size = 1/(n_kfold+1)
55        n_model = len(params)
56        self.n_model = n_model
57        self.n_kfold = n_kfold
58        self.params = params
59
60        # データの分割（カスケード生成データとカスケード精度検証デー
             タ）
61        tr_X2, te_X, tr_y2, te_y = train_test_split(tr_X, tr_y,
             test_size=test_size, random_state=1)
62        tr_X2_ = tr_X2
63        te_X_ = te_X
64        acc_pre_=0
65
66        for j in range(n_max_cascade):
67            # カスケード数の増加
68            kf = KFold(n_splits = (n_kfold),shuffle = True,
                 random_state=j)
69            self.RF_params[j] = {}
70            self.RF_model[j] = {}
71            self.RF_estimator[j] = {}
72            for i in range(n_model):
73                # 1つの層における複数RFの推定
74                k = 0
75                self.RF_params[j][i] = {}
76                self.RF_model[j][i] = {}
77                self.RF_estimator[j][i] = {}
78                for train_index, test_index in kf.split(tr_X2, tr_y2
                     ):
79                    X_train = tr_X2.iloc[train_index,:]
80                    y_train = tr_y2[train_index]
81                    X_test = tr_X2.iloc[test_index,:]
82                    y_test = tr_y2[test_index]
83
84                    RF_bst = RandomForestClassifier(criterion=params
                         [i]['criterion'],
85                        max_depth=params[i]['max_depth'],
86                        max_features=params[i]['max_features'],
```

```python
                        min_samples_leaf=params[i]['min_samples_leaf
                            '],
                        min_samples_split=params[i]['
                            min_samples_split'],
                        n_estimators=params[i]['n_estimators'],
                        n_jobs=params[i]['n_jobs']
                        )

                    # RFの推定
                    RF_bst.fit(X_train, y_train.astype(str))

                    # カスケード生成データの予測確率
                    if (k == 0 and i == 0):
                        class_ = RF_bst.classes_
                        n_class = len(class_)
                        Y_pred_tr = np.zeros([len(tr_X2.index),
                            n_class])
                        Y_pred_te = np.zeros([len(te_X.index),
                            n_class])

                    Y_pred_te += np.array(pd.DataFrame(RF_bst.
                        predict_proba(te_X), columns=RF_bst.
                        classes_).loc[:,class_] )
                    Y_pred_tr[test_index,:] += RF_bst.predict_proba(
                        X_test)
                    self.RF_model[j][i][k] = RF_bst
                    self.RF_params[j][i][k] = RF_bst.get_params
                    self.RF_estimator[j][i][k] = RF_bst.estimators_

                    k += 1

            # カスケード精度検証データの予測
            Y_pred_te /= (k * n_model)
            Y_pred_tr /= n_model
            Y_pred_te_ = Y_pred_te
            y_pred_class = Y_pred_te_.argmax(axis=1)

            # カスケード精度検証データの精度
            acc_ = accuracy_score(te_y,y_pred_class.T)

            print(str(j)+"--"+str(round(acc_,4)))

            if (j>0 and acc_<acc_pre_):
                self.n_cascade = j
                self.class_=class_
                print('stop:cascade->'+str(j))
                break

            acc_pre_ = acc_

            # 次の層の入力に現在の層の出力を追加
            tr_X2 =pd.concat([tr_X2_, pd.DataFrame(Y_pred_tr,index=
                tr_X2.index)],axis=1)
            te_X =pd.concat([te_X_, pd.DataFrame(Y_pred_te,index=
```

```
133                 te_X.index)],axis=1)
134             self.class_=class_
135             self.n_cascade = (j+1)
```

c. スタッキング

最後に，ディープフォレストに関連するアンサンブル学習法であるスタッキングを紹介する．Zhou and Feng[23] では，具体的な方法の比較についての記述はないが，スタッキングはカスケードフォレストのもとになっている推定方法と考えられる．図 2.26 に示したようにスタッキングでは 2 層のモデル構造を考える．第 1 層では，学習データからいくつかの異なるモデルを用い，それぞれ推定を行う．そのモデルの予測値を第 2 層の入力変数として用いる．そして第 2 層でもいくつかのモデルを用い，合議により予測値を算出する手法である．また，このとき，第 1 層ではカスケードフォレスト同様に K 分割交差検証のように推定を行うこと

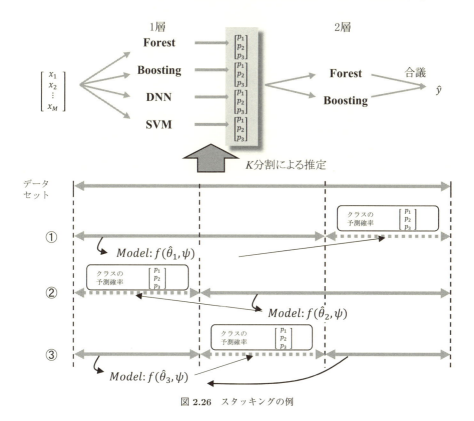

図 2.26 スタッキングの例

がある．以上からカスケードフォレストは，スタッキングの拡張と考えられ，検証を行いながら多層構造をとることが特徴である．

d. 日経平均株価のクラス分類

ここでは，上記で紹介したディープフォレストの実装例の応用を，時系列データをもとにした多クラス分類問題で示す．例として，日経平均の過去 400 営業日の変化率の動きから，翌日の日経平均の変化率が 1：0.5%以上上昇，2：−0.5%以下の下落，3：−0.5%〜0.5%のレンジ内のいずれかのクラスに入るかを予測するモデルを構築する．データの読み込みと分析用データの生成は次のようになる．NKY.csv は，単に日経平均の変化率が縦方向に入ったファイルを想定している．なお，前節までに紹介したクラスをそれぞれ mgs.py, cascade_forest.py ファイルで保存し，作業ディレクトリに置けば，import で読み込みができ使用できる．

```
>>>  import pandas as pd
>>>  import numpy as np
>>>  from mgs import mgs
>>>  from cascade_forest import cascade_forest
>>>  from sklearn.model_selection import train_test_split

>>>  data0 = pd.read_csv('NKY.csv')
>>>  T = len(data0.index) #number of time series data
>>>  window = 400 #data window

>>>  tr_X = pd.DataFrame(np.zeros([window,(T-window)]))
>>>  tr_y = np.zeros((T-window))

>>>  for i in range((T-window)):
         tr_X.iloc[:,i] = np.array(data0.iloc[i:(i+window),0]).reshape(
             window)
         v_ = data0.iloc[(i+window),0]
         if v_ > 0.005:
             f_ = 0
         elif v_ > (-0.005):
             f_ = 1
         else:
             f_ = 2
         tr_y[i] = f_
```

期間は，1990 年以降では，クラス 1 が 2175 日，クラス 2 が 2226 日，クラス 3 が 2066 日とほぼ均等である．Multi-Grained Scanning をウィンドウサイズ 200, 100, 50 で行うと次の通りである．なお，params はランダムフォレストのハイパーパラメーターで，'criterion' は不純度関数，'max_depth' は木の深さの最大値，'max_features' は，木の分割時に候補となる変数の数，'min_samples_leaf'

は分割後の葉ノードで必要とされる最小のサンプル数, 'min_samples_split' は
中間ノードを分割するときに必要となる最小のサンプル数, 'n_estimators' は,
木の数, 'n_jobs' は推定時の並列計算における並列数を表す[29].

```
>>>   params = {'criterion': 'gini',
          'max_depth': 3,
          'max_features': "sqrt",
          'min_samples_leaf': 2,
          'min_samples_split': 2,
          'n_estimators': 50,
          'n_jobs': -1}
>>>   mgs_ = MGS()
>>>   tr_X_mgs1=mgs_.go(tr_X,tr_y,200,params)
>>>   tr_X_mgs2=mgs_.go(tr_X,tr_y,100,params)
>>>   tr_X_mgs3=mgs_.go(tr_X,tr_y,50,params)
>>>   tr_X_mgs0=pd.concat([tr_X_mgs1,tr_X_mgs2,tr_X_mgs3],axis=1)
```

このデータをもとに観測期間の最後10%を検証データとするホールドアウト法
で精度の検証を行う. まず, 次のように学習データと検証データを生成する.

```
>>>   tr_X1, te_X, tr_y1, te_y = train_test_split(tr_X_mgs0, tr_y,
      test_size=0.1, shuffle=False)
```

次に, ここでは2つのランダムフォレストを用い, パラメータを次の通りに設定
する. 木の最大の深さと葉のサンプル数の下限や, 分割条件となるサンプル数の
下限を変更したランダムフォレストを設定している.

```
>>>   params={}
>>>   params[0]= {'criterion': 'gini',
          'max_depth': 20,
          'max_features': "sqrt",
          'min_samples_leaf': 2,
          'min_samples_split': 2,
          'n_estimators': 500,
          'n_jobs': -1}
>>>   params[1]= {'criterion': 'gini',
          'max_depth': 2,
          'max_features': "sqrt",
          'min_samples_leaf': 20,
          'min_samples_split': 20,
          'n_estimators': 500,
          'n_jobs': -1}
```

そして, 実際のカスケードフォレストの推定は次の通りとなる. 引数の4は, K

---

[29] 'n_jobs' が '-1' のときは, CPU のすべてのコアが使用される.

分割交差検証法の K であり，10 はカスケードの層数の上限である．ここでは，結果として各層のカスケード精度検証データの accuracy が表示され，4 層が選択されたことがわかる．

```
>>>   cf_ = cascade_forest()
>>>   cf_.fit(tr_X1, tr_y1, 4, 10 ,params)
0--0.7371
1--0.7431
2--0.7431
3--0.7466
4--0.744
stop:cascade->4
```

最後に検証データでの精度であるが，次のように計算でき，accuracy が 0.759 となることがわかる．この他，推定されたクラスやその確率も計算できるクラスとなっている．

```
>>>   result = cf_.predict_class(te_X, te_y)
>>>   print(result[0])
0.758887171561
```

■ コラム —— 群知能 蟻コロニー最適化とディーリングルーム

直感的に群知能 (swarm intelligence) について理解しようとする場合，集団思考と比較して考えるとわかりやすい．例えば，ある企業の会議などで意思決定を行う場合，発言力の強い人の意見が採用されがちで，仮に反対の意見をもっていたとしても発言をしない人がいる．これは，その場の雰囲気を乱すことや人間関係に亀裂が入ることなどを恐れており，集団の強い結束を優先的に考えているがゆえのマイナスの影響である．このような状態を集団思考という．一方で，群知能とは一般的に単純な個体群から構成され，個々の振る舞いは単純であっても，全体を 1 つのシステムとして見た場合，高度に最適化された動作をすることをさす．

例えば，Dorigo[25] によって 1992 年に提案された蟻コロニー最適化のアルゴリズムは，蟻が餌から巣までの経路を生成する過程にヒントを得た最適化手法であり，巡回セールスマン問題[26] などの多くの組合せ最適化問題で応用されている．

2 匹の蟻が同じ餌を見つけ，経路 A と経路 B で巣に戻ってきた場合の最短経路が選択されるアルゴリズムについて説明する．餌を見つけた蟻は揮発性のフェロモンを残し，他の蟻はそのフェロモンを頼りに餌場に向かう．はじめは，2 つの経路のフェロモンの濃さが同じであるため，他の蟻がそれぞれの経路を選択する確率は同確率であるが，経路 A が最短経路であるならば，経路 A を通って餌場と巣を往復し

た蟻の方が巣に早く帰ってくるため，時間が経過すると経路 A の方が多くの蟻が通ることになる．これらの過程で経路 A のフェロモンが濃くなるため，経路 B よりも経路 A が選択される確率の方が高くなる．選択されない経路 B のフェロモンは徐々に薄れていくため，最終的には経路 A しか蟻が通らなくなる．

このアルゴリズムでは，個々の蟻は濃いフェロモンを選択するといった一定の法則に従っているだけだが，群れ全体では非常に統制のとれた行動に見える．

ここで，Mosquito Algorithm という群知能からヒントを得た，FinTech 企業による製品を紹介する．株式会社インテリジェントウェイブが提供するソフトウェアCorvil は，ハイパフォーマンストレーディングのための遅延管理ソリューションである．ユーザー端末，業務サーバー，外部システムなどのサーバー間，セグメント間に監視ポイントを複数設けることで，ラウンドトリップ (通信相手に信号やデータを発信して，応答が返ってくるまでの過程) の遅延を監視することを可能としている．

Mosquito Algorithm とは，蚊が獲物 (我々人類も獲物である) を探すための 3 種類のセンサーに注目したアルゴリズムであり，リアルタイムでデータ通信量の帯域幅を推定し，任意のデータ通信に必要な帯域幅を推定することによって，ラウンドトリップの遅延を防ぐことを可能にしている．VoIP (音声を送受信する通信技術) などは特に遅延に大きく影響されるため，極力優先して送信する必要があり，ルーターやスイッチが転送する際に優先づけしたり，帯域を制御，輻輳を回避したりする仕組みである QoS (quality of service) が重要となる．Mosquito Algorithm の応用によってIP ネットワーク内で QoS メカニズムをプログラミングすることを実現させている．

他にも群知能からヒントを得ることで，さまざまな業務の最適化ができるのではないだろうか．例えば，ディーリングやアセットアロケーションなどの分野で金融への応用ができる可能性がある．ディーリングルームにたくさんのトレーダーがいて，思い思いに自己取引をしている状況を想像してほしい．個々のトレーダーは株式，為替，債券，金利，コモディティ，またはそれらのデリバティブなど幅広い商品を取り扱い，各々が自由に取引をすることが許されている．トレーダーの目標は，一定の期間内に予算で設定した収益計上を達成することであり，インセンティブはその収益に連動した報酬である．この場合に群知能的なメカニズムを効かせる上で欠かせない前提条件として，以下の 2 つが挙げられる．

・他のトレーダーがどのような取引をして，どのくらいのペース (収益性) で稼いでいるかという情報を共有できること．

・他のトレーダーの取引の真似をしてもよいこと．

このような設定をすると，最初はバラバラに取引をしていたトレーダー群が，相対的にパフォーマンスのよいトレーダー X のトレーディング手法に追随していき，ディーリングルーム全体の取引やポジションが特定の取引に偏る．そこでクラッシュ

が起これば，会社は大損害を被ることになる．通常は，儲かっていた取引の収益は徐々に伸びなくなってくるので，もっと収益性の高い別の取引手法を見つけだすトレーダー Y が出現し，こんどはそのトレーダー Y に他のトレーダーが追随していくことになる．これらが繰り返され，そのディーリングルームは安定した収益を確保していける．いわば蟻のフェロモンの役割を，"収益性"が果たしているともいえる．

　金融機関のディーリングルームが儲からなかったり，大きな損失を出してしまうケースでは，上記の群知能の前提条件がうまく機能していないことが要因にあると考えられる．株式，為替，債券などトレーダーごとに取引できる商品カテゴリーを限定しているケースでは，その限定されたカテゴリー内の金融取引で収益性を維持することが難しくなっても，他の取引カテゴリーに移動することができない．低い収益性でも一定の収益額を上げなければならないために取引量を増やしていくことになり，相場の反転時に損失が大きく膨らむ要因となる．また仮に幅広い取引範囲が認められていても，他のトレーダーが行っている取引の情報を共有できないと，一人一人のトレーダーが各々で収益性の高い取引を見つけなければならないので，効率が悪く，うまく見つけられない状況に陥りやすい．アセットアロケーションについても，同様のアプローチで考えることができるだろう．

3

金融データ解析のためのディープニューラルネットワーク

3.1 ニューラルネットワークの基本

本節では，ディープニューラルネットワーク (deep neural network, DNN) の基本となる事項について，解説を行う [*1]．基本的な事項を述べるが，実際の実装においては，さまざまな有効な新しいアプローチが提案されており，ここに記載されている事項にとどまらず，その問題に応じて，さまざまな手法を試す必要がある．

3.1.1 ニューラルネットワークとは

ニューラルネットワーク [*2] は，人間の脳の神経構造の特性を反映したモデルである．人間の脳には，ニューロンと呼ばれる神経細胞が数百億個存在している．ニューロン同士は互いに連結しており，巨大なネットワークを構築している．隣接するニューロンからの信号の入力が一定値を超えると，次のニューロンに対して信号を送り出す．こうした働きをもとに人間の脳は活動しており，その中の1つとして画像を認識したり，音声を認識したりしている．図 3.1 にニューロンのモデルを示す．このニューロンの構造を人工的に表現し，多数・多層にわたり連結させたものがニューラルネットワークモデル (図 3.2) である．ニューラルネットワークの考え方自体は，1950 年頃からあるものの，実際に構造をデータから推定することが難しく，近年の発展以前は 2〜3 層程度の推定までが限界で，表現できる複雑性は限定的であった．

[*1] より専門的なものとしては，Bishop[27], Goodfellow et al.[28]，岡谷[29]，神嶌編著[30] を参考にしていただきたい．

[*2] ここでは，順伝播型のニューラルネットワークのみを扱う．

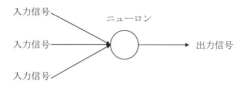

図 3.1 脳の神経細胞ニューロンのイメージ

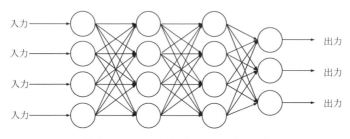

図 3.2 ニューラルネットワークのイメージ

a. 1層のニューラルネットワーク

まず，単純な1層のニューラルネットワークを説明する．なお，本節以降，説明に使用する添字の意味に注意して読み進めることをお勧めする．

例として，過去の実績から，自社の商品Aに対する顧客の購買金額のモデルを構築する場合を説明をする．一般的な表現として，入力変数 x_i ($i=1,...,I$) と，出力変数 y_j ($j=1,...,J$) を導入しておく．分析の対象となる顧客に対し，年収，年齢のデータをもっていた場合，それぞれの情報が x_1, x_2 となり，$I=2$ である．一方で，商品Aの購買金額が求めたいもの，つまり出力変数 y_1 となり，$J=1$ である．この1層のニューラルネットワークの例は図3.3の通りとなる．

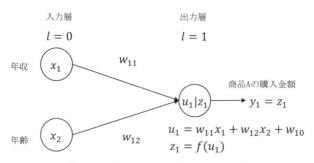

図 3.3 1層のニューラルネットワークの例

3.1 ニューラルネットワークの基本

ニューラルネットワークでは，これらの入力変数に対し，次のような線形和を考える．

$$u_j = \sum_{i=1}^{I} w_{ji} x_i + w_{j0} \tag{3.1}$$

ここで w_{ji} $(i = 0, ..., I)$ はパラメータであり，特に w_{ji} $(i = 1, ..., I)$ を重みパラメータ，w_{j0} をバイアスパラメータと呼ぶ．さらに，線形和 u_j を関数 f で変換する．

$$z_j = f(u_j) \tag{3.2}$$

関数 f は，活性化関数と呼ばれる．これらにより，出力 z_j が計算される．1層のニューラルネットワークであるため，出力変数が y_j のとき，$y_j = z_j$ となる．これらが1層のニューラルネットワークの計算過程である．モデルで推定を行う必要があるのはパラメータ w_{ji} である．

例えば，上記の購買金額のモデルにおいて $f(u) = u$ として，$w_{10} = 5000, w_{11} = 10, w_{12} = -180$ と推定されたとする．ある顧客の年収が 580(万円) で年齢が 26 だったとすると，u_1, z_1 は次の通り計算される．

$$u_1 = 10 \times 580 + (-180) \times 26 + 5000 = 6120$$
$$z_1 = f(u_1) = 6120$$

このニューラルネットワークモデルは，この顧客の購買金額を 6120 円と推定していることとなる．この構造を表したのが，図 3.4 である．

なお，これまで述べた1層のニューラルネットワークを，行列を用いて表現すると以下の通りとなる[*3]．

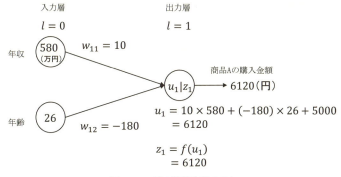

図 3.4　1層の購買金額モデル

[*3] f について，要素毎演算の形式で記述しているが，後述するように多クラス分類では，必ずしも要素毎演算である必要はない．

$$\underset{(J\times 1)}{\boldsymbol{u}} = \underset{(J\times I)}{\boldsymbol{W}}\underset{(I\times 1)}{\boldsymbol{x}} + \underset{(J\times 1)}{\boldsymbol{b}}$$

$$\underset{(J\times 1)}{\boldsymbol{z}} = \underset{(J\times 1)}{\boldsymbol{f}(\boldsymbol{u})}$$

$$\boldsymbol{u} = \begin{pmatrix} u_1 \\ \vdots \\ u_J \end{pmatrix}, \quad \boldsymbol{x} = \begin{pmatrix} x_1 \\ \vdots \\ x_I \end{pmatrix}, \quad \boldsymbol{b} = \begin{pmatrix} w_{10} \\ \vdots \\ w_{J0} \end{pmatrix}, \quad \boldsymbol{z} = \begin{pmatrix} z_1 \\ \vdots \\ z_J \end{pmatrix}$$

$$\boldsymbol{W} = \begin{bmatrix} w_{11} & \cdots & w_{1I} \\ \vdots & \ddots & \vdots \\ w_{J1} & \cdots & w_{JI} \end{bmatrix}, \quad \boldsymbol{f}(\boldsymbol{u}) = \begin{pmatrix} f(u_1) \\ \vdots \\ f(u_J) \end{pmatrix}$$

b. 多層のニューラルネットワーク

次に 2 層以上の多層のニューラルネットワークを説明する．2 層のニューラルネットワークを構築するには，1 層のニューラルネットワークの出力を新たに入力変数とする層を追加すればよい．図 3.5 に 2 層のニューラルネットワークの例を示す．一番左の入力変数の層を入力層，一番右にある層を出力層と呼ぶ．入力層と出力層の間にある層を中間層もしくは隠れ層という．なお，層の数を数えるとき，一般に入力層の数は数えない．このため，以降では入力層を第 0 層としておく．また，図 3.5 の各丸についてユニットと呼ぶ．

さらに，2 層以上の一般的な多層構造を表現するため，任意の L 層のニューラ

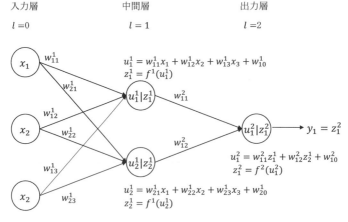

図 3.5　2 層のニューラルネットワークの例

ルネットワークを考える．第 l 層 $(1 \leq l \leq L)$*4) の入出力および重みについて，$\boldsymbol{u}^l$, $\boldsymbol{z}^l$, $\boldsymbol{W}^l$ と表現する．第 $l-1$ 層の出力 $\boldsymbol{z}^{l-1}$ から，層 l のユニットの出力 $\boldsymbol{z}^l$ の出力までの関係は，次の通り表現できる．

$$\boldsymbol{u}^l = \boldsymbol{W}^l \boldsymbol{z}^{l-1} + \boldsymbol{b}^l \tag{3.3}$$
$$\boldsymbol{z}^l = \boldsymbol{f}^l(\boldsymbol{u}^l) \tag{3.4}$$

このとき，第 1 層の入力を，入力変数 $\boldsymbol{z}^0 = \boldsymbol{x}$ とし，第 L 層の出力を出力変数 $\boldsymbol{y} = \boldsymbol{z}^L$ とする．したがって，扱う問題の入力変数 $\boldsymbol{x}$ が与えられると，(3.3), (3.4) 式を $l = 1, ..., L$ と順に実行し，$\boldsymbol{z}^1, ..., \boldsymbol{z}^L$ が計算されることとなる．推定するべきパラメータは，$\boldsymbol{W}^1, ..., \boldsymbol{W}^L$ と $\boldsymbol{b}^1, ..., \boldsymbol{b}^L$ である．

出力層以外の中間層 ($l (<L)$) での活性化関数 f には，一般にロジスティック関数や tanh 関数などの単調増加の非線形関数が用いられる．もし，すべての活性化関数に線形関数を用いると，そのネットワークと等価になる中間層をもたないネットワークが常に見つかる．これは，線形変換の合成が線形変換になることから明らかである*5)．このような理由から，一般には，中間層において線形の活性化関数はあまり用いられない．

一方で，出力層の第 L 層の活性化関数 f については，この層の出力結果が出力変数 $\boldsymbol{y}$ となるため，出力変数の性質や出力変数がどのように分布すると考えられ

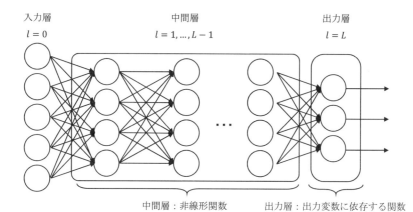

図 3.6　活性化関数の決定方法のイメージ

---

*4) 中間層および出力層である．
*5) ただし，ある中間層のユニット数が，入力層もしくは出力層のユニット数より小さいときには，その層で情報が失われるため，等価なネットワークが見つかるとは限らない．

るかに依存し決定する．これらの活性化関数の決定方法をまとめたのが図 3.6 である．

　本項では，一般的な多層のニューラルネットワークの構造について述べた．ディープニューラルネットワークについては，3 層以上の多層構造にしたものをいう．

3.1.2　活 性 化 関 数

中間層 (l ($\leq L-1$)) に用いる活性化関数 $f(u)$ として代表的なものを紹介する．従来のニューラルネットワークモデルからよく用いられてきた関数として次の 2 つが挙げられる．

┌─ ロジスティック関数 ─────────────────────
$$f(u) = \frac{1}{1+\exp(-u)}, \quad f(u) \in (0,1)$$

┌─ tanh 関数 ──────────────────────────
$$f(u) = \tanh(u), \quad f(u) \in (-1,1)$$

ただし，これらの活性化関数は後述する勾配消失問題が生じるため，それほど利用されなくなってきている．後述する勾配消失問題にも対応でき，近年用いられるようになったものとして次の 3 つを紹介する．

┌─ ReLU (rectified linear unit) ─────────────────
$$f(u) = \max(u,0)$$

　出力計算，勾配の計算いずれも容易である．いくつかのユニットで 0 になり，疎なネットワークとなるが，0 でないユニットの微分が 1 となるため，後述する勾配消失問題に対処できる方法となる．このような理由から，近年のディープニューラルネットワークの学習において，よく用いられる活性化関数である．

Leaky ReLU

$$f(u) = \max(u, au)$$

ReLU を一般化した関数がいくつか提案されており，その中の 1 つである．u が負のときの傾きを 0 ではなく，0.01 など小さな値 a とするものである．a については，学習時に推定するよう設定することも提案されている．

maxout 関数

$$f(\boldsymbol{u}) = \max_{k} \boldsymbol{w}_k^{\mathrm{T}} \boldsymbol{u} + b_0$$

複数の u の k 通りある線形和の最大値をとる方法であり，これは，活性化関数を区分線形的な凸関数とするもので，ReLU もこの関数の中に含まれる．一方で，パラメータ数が増えるという問題点もある．

これらのうち，maxout 関数以外を図示すると図 3.7 のようになる．

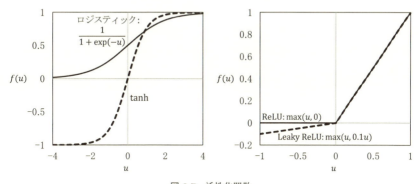

図 3.7 活性化関数

次に，出力変数に応じ設定する第 L 層の活性化関数について，代表的なものを述べる．

> **回帰**
>
> 線形回帰問題のように，出力変数が実数全体をとる場合は，恒等写像を用いる．
>
> $$y_j = u_j^L$$

> **2値分類**
>
> 2値分類の回帰問題の代表的な手法であるロジスティック回帰と同様に，ロジスティック関数を用いる．
>
> $$y_j = \frac{1}{1 + \exp(-u_j^L)}, \quad y_j \in [0,1]$$

> **多クラス分類**
>
> Kクラスの分類問題として，クラスを $\mathscr{C}_k$ $(k = 1,\dots,k)$ とする．出力層のユニットを K 個設定し，各ユニットにおいて $\mathscr{C}_k$ クラスに所属する確率を算出する．各確率 y_{jk} の算出にソフトマックス関数を用いる．
>
> $$y_{jk} = \frac{\exp(u_k^L)}{\sum_{k=1}^{K} \exp(u_k^L)}, \quad y_{jk} \in [0,1]$$

3.2 推　　定

3.2.1 誤 差 関 数

次に，パラメータの推定について考えていく．パラメータについて，$\boldsymbol{w} = \{\boldsymbol{W}^1,\dots,\boldsymbol{W}^L\}$[*6)] として，入力変数 $\boldsymbol{x}$ と出力変数 $\boldsymbol{y}$ のネットワークの関係を $\boldsymbol{y} = f(\boldsymbol{x},\boldsymbol{w})$ と表せるとする．さらに，いま，入力変数と出力変数の観測値を $\boldsymbol{x}_m, y_m (m = 1,\dots,M)$ だけ保有しているとする．$\boldsymbol{w}$ を任意に固定したときに計算される関数 $f(\boldsymbol{x},\boldsymbol{w})$ と y_m とのずれを測る誤差関数を決め，この誤差関数を最小化することで，$\boldsymbol{w}$ を求

[*6)] ここでは $\boldsymbol{w}$ にバイアスパラメータも含めるとして b を明示的に表現しない．

めることを考える．実際にどのような誤差関数を用いるかについては，出力層の活性化関数の選択と関係があり，ここでは確率分布のパラメータ推定問題と関係づけながら説明を行う．

a. 回　　帰

観測値 y_m が，モデルの出力変数 $f(\boldsymbol{x}_m, \boldsymbol{w})$ に対し，平均 0 で分散 σ^2 の正規分布に従うノイズが乗っていると考える．このとき，観測値 y_m は，平均 $f(\boldsymbol{x}_m, \boldsymbol{w})$，分散 σ^2 の正規分布に従うとする．

$$p(y_m|\boldsymbol{x}_m, \boldsymbol{w}, \sigma^2) = N(d_m|f(\boldsymbol{x}_m, \boldsymbol{w}), \sigma^2)$$

$m = 1, ..., M$ の観測値があり，それぞれ互いに独立であるとすると，対数尤度関数は，

$$\log(p(\boldsymbol{y}|\boldsymbol{x}, \boldsymbol{w})) = \sum_{m=1}^{M} \log(p(y_m|\boldsymbol{x}_m, \boldsymbol{w}, \sigma^2))$$
$$= -\frac{M}{2}\log(2\pi\sigma^2) - \frac{1}{2\sigma^2}\sum_{m=1}^{M}\{y_m - f(\boldsymbol{x}_m, \boldsymbol{w})\}^2$$

となる．

この対数尤度関数を最大化するように，最尤法によりパラメータ $\boldsymbol{w}$ を推定すると，以下の関数 $E(\boldsymbol{w})$ を最小化することと等価であることがわかり，これを回帰問題の誤差関数とする．

$$E(\boldsymbol{w}) = \frac{1}{2}\sum_{m=1}^{M}\{y_m - f(\boldsymbol{x}_m, \boldsymbol{w})\}^2$$

なお，尤度関数とは，分析者が設定したある確率モデルとそのモデルのパラメータがあるときに，パラメータを所与として計算される観測値の尤もらしさを表す関数である．この尤度関数を最大化しパラメータを推定する方法を最尤法という．

b. 2 値 分 類

観測値 y_m が，ある 2 つのクラスか属するかどうかの 0-1 変数として，ベルヌーイ分布に従うとする．ベルヌーイ分布のパラメータ[7] を $f(\boldsymbol{x}_m, \boldsymbol{w})$[8] とすると，その確率は

$$p(y_m|\boldsymbol{x}_m, \boldsymbol{w}) = f(\boldsymbol{x}_m, \boldsymbol{w})^{y_m}(1 - f(\boldsymbol{x}_m, \boldsymbol{w}))^{(1-y_m)}$$

で表される．$m = 1, ..., M$ の観測値があり，それぞれ互いに独立であるとすると，

---

[7]　ベルヌーイ分布は，確率変数が確率 p で 1，確率 $1-p$ で 0 をとるとき従う確率分布で，パラメータは p である．

[8]　$y \in [0,1]$ であるとする．

対数尤度関数は,

$$\log(p(y|\boldsymbol{x},\boldsymbol{w})) = \sum_{m=1}^{M} \log(p(y_m|\boldsymbol{x}_m,\boldsymbol{w}))$$

$$= \sum_{m=1}^{M} \{y_m \log(f(\boldsymbol{x}_m,\boldsymbol{w})) + (1-y_m)\log(1-f(\boldsymbol{x}_m,\boldsymbol{w}))\}$$

となる. 最尤法により, パラメータ $\boldsymbol{w}$ を推定すると, 以下の関数 $E(\boldsymbol{w})$ を最小化することと等価であることがわかり, これを誤差関数とする.

$$E(\boldsymbol{w}) = -\sum_{m=1}^{M} \{y_m \log(f(\boldsymbol{x}_m,\boldsymbol{w})) + (1-y_m)\log(1-f(\boldsymbol{x}_m,\boldsymbol{w}))\}$$

c. 多クラス分類

いま, クラスが K 個ある問題を考える. 例えば, 手書きの数字が $0 \sim 9$ の 10 個のいずれかに該当するか判別する場合は, 「10 のクラスがある」ということである. このクラスを $\mathscr{C}_1,...,\mathscr{C}_K$ と表す. y_m が, あるクラス $\mathscr{C}_k$ に属する確率を

$$p(\mathscr{C}_k|\boldsymbol{x}_m,\boldsymbol{w}) = f_k(\boldsymbol{x}_m,\boldsymbol{w})$$

と表す. $f(\boldsymbol{x},\boldsymbol{w})$ をソフトマックス関数とすれば, 総和が 1 で, $f(\boldsymbol{x},\boldsymbol{w}) \in [0,1]$ となる. y_m を K 次元のベクトルとして, $\mathscr{C}_k$ に属するとき第 k 要素が 1, その他の要素が 0 となるベクトルで表現する. y_m の確率は,

$$p(y_m|\boldsymbol{x}_m,\boldsymbol{w}) = \prod_{k=1}^{K} f_k(\boldsymbol{x}_m,\boldsymbol{w})^{y_{mk}}$$

となる. $m = 1,...,M$ だけ, 観測値があり, それぞれ互いに独立であるとすると, 対数尤度関数は,

$$\log(p(y|\boldsymbol{x},\boldsymbol{w})) = \sum_{m=1}^{M} \log(p(y_m|\boldsymbol{x},\boldsymbol{w}))$$

$$= \sum_{m=1}^{M}\sum_{k=1}^{K} \{y_{mk} \log(f_k(\boldsymbol{x}_m,\boldsymbol{w}))\}$$

最尤法により, パラメータ $\boldsymbol{w}$ を推定すると, 以下の関数 $E(\boldsymbol{w})$ を最小化することと等価となる.

$$E(\boldsymbol{w}) = -\sum_{m=1}^{M}\sum_{k=1}^{K} \{y_{mk} \log(f_k(\boldsymbol{x}_m,\boldsymbol{w}))\}$$

ここで注意すべきは, ソフトマックス関数の u_k のすべてに一定数を加えても $f_k(\boldsymbol{x}_m,\boldsymbol{w})$ の値が不変となってしまうことである. つまり, 重みパラメータが 1 つに定まらない問題が生じる. この問題への対処方法としては, 重み減衰という方法を用いたり, ある u_k を強制的に 0 にしてしまう方法がある.

3.2.2 確率的勾配降下法

前項で，パラメータの推定にあたり最小化を行うべき目的関数となる誤差関数 $E(\boldsymbol{w})$ について述べた．本項では，実際にパラメータの推定における目的関数の最小化の際に用いられる，確率的勾配降下法について説明を行う．

一般には，$E(\boldsymbol{w})$ を最小にする真の解である大域的最小点を求めることは通常不可能であり，局所的な最小点 (局所的最小点) との区別もつかないが (図 3.8)，ここでは何らかの最小点を求めることを考える．

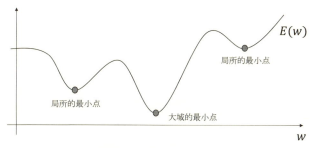

図 3.8 最小点のイメージ

まず，一般的な勾配降下法を説明する．勾配は，

$$\nabla E(\boldsymbol{w}) = \frac{\partial E(\boldsymbol{w})}{\partial \boldsymbol{w}}$$
$$= \left[\frac{\partial E(\boldsymbol{w})}{\partial w_1}, \frac{\partial E(\boldsymbol{w})}{\partial w_2}, ..., \frac{\partial E(\boldsymbol{w})}{\partial w_M} \right]^{\mathrm{T}}$$

で表されるベクトルである．このベクトルを用い，現在の重み $\boldsymbol{w}^{(t)}$ を更新する単純なアプローチは，

$$\boldsymbol{w}^{(t+1)} = \boldsymbol{w}^{(t)} - \eta \nabla E(\boldsymbol{w}^{(t)})$$

と，負の勾配方向に重みを更新するものであり，勾配降下法と呼ばれる．$\eta\,(>0)$ は，学習率パラメータと呼ばれる．図 3.9 に勾配降下法のイメージを示す．第 2 項がマイナスで，かつ η が正となるよう設定することは，勾配 $\nabla E(w^{(t)})$ が負のとき $w^{(t)}$ を正の方向に動かすことで誤差関数を減少させるためである．一方で，勾配 $\nabla E(w^{(t)})$ が正のときは $w^{(t)}$ を負の方向に動かすことで誤差関数が減少することがわかる．よって，新しい重みに更新を行った後勾配 $\nabla E(\boldsymbol{w}^{(t)})$ を評価し直し，再度重みの更新を行うという流れを繰り返せばよい．

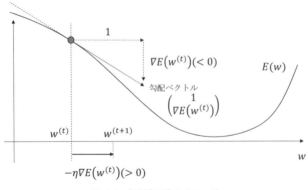

図 3.9 勾配降下法のイメージ

ただし，学習率 η は，十分小さくとると各更新ステップで $E(\boldsymbol{w})$ をほぼ確実に減少させるが，小さくしすぎた場合，1回のステップでの $E(\boldsymbol{w})$ の更新量が小さく，必要な更新回数が増加し，学習時間が増加する恐れがある．一方で，大きくしすぎると，$E(\boldsymbol{w})$ が増加する可能性もある．

次に勾配 $\nabla E(\boldsymbol{w}^{(t)})$ の評価について考える．勾配 $\nabla E(\boldsymbol{w}^{(t)})$ の評価にあたり，すべての観測データの集合を一度に用いる方法を一般にバッチ訓練という．観測データ $m = 1, 2, \cdots, M$ に対し，1つの観測データに対する誤差関数を $E_m(\boldsymbol{w})$ として，$E_m(\boldsymbol{w})$ の和

$$E(\boldsymbol{w}) = \sum_{m=1}^{M} E_m(\boldsymbol{w})$$

を用いることとなる．

対して，観測データの一部もしくは1つを用い計算された勾配を用いる方法を，確率的勾配降下方法という．用いる観測データは，順番もしくはランダムに選択される．この方法の利点の1つ目としては，データの冗長性を効率的に扱えることがある．例えば，観測データが，なんらかの理由により複製され，同じデータ集合が2倍になっているときを考える．このとき元のデータ集合の情報のみを用いればよいが，バッチ手法では1回の更新ステップについて2倍の計算負荷が必要となる．一方で，確率的勾配降下方法を用いるとこの冗長性が緩和される．利点の2つ目としては，局所的極小点に陥るリスクを軽減できることがある．これは，全観測データを用いたときの誤差関数の停留点が，必ずしも観測データの部分集合からなる誤差関数の停留点となるとは限らないためである．また，バッチ

サイズが異なるときには，バッチサイズで誤差関数を正規化することで，学習率を変える必要性がなくなる．

3.2.3　誤差逆伝播法

ニューラルネットワークで，誤差関数の勾配を効率良く評価する方法である誤差逆伝播法を説明する．

前項で説明した勾配降下法を行うには，$\partial E(\boldsymbol{w})/\partial \boldsymbol{w}$ を計算する必要がある．

1つの観測データ x_m に対する誤差関数 E_m を第 l 層の重み w_{ji}^l で微分することを考える．u_j を用い，微分の連鎖法則を用いると

$$\frac{\partial E_m}{\partial w_{ji}^l} = \frac{\partial E_m}{\partial u_j^l}\frac{\partial u_j^l}{\partial w_{ji}^l} \tag{3.5}$$

となる．

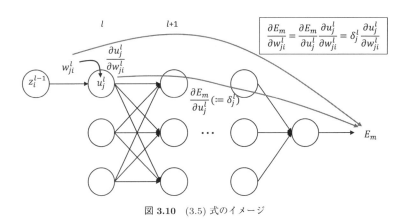

図 3.10　(3.5) 式のイメージ

この $\partial E_m/\partial w_{ji}^l$ が求めるべきものであり，効率的に計算できるかが重要となる．算出にあたり，右辺 ① $\partial E_m/\partial u_j^l$，② $\partial u_j^l/\partial w_{ji}^l$ をそれぞれ確認する．

① $\partial E_m/\partial u_j^l$

まず，$\partial E_m/\partial u_j^l$ については，第 $l+1$ 層の u_k^{l+1} を用い，微分の連鎖方法を用いると，

$$\frac{\partial E_m}{\partial u_j^l} = \sum_k \frac{\partial E_m}{\partial u_k^{l+1}}\frac{\partial u_k^{l+1}}{\partial u_j^l} \tag{3.6}$$

となる．ここで，両辺で誤差関数を u で偏微分した項があることから，

$$\delta_j^l := \frac{\partial E_m}{\partial u_j^l}$$

とおくと，

$$\delta_j^l = \sum_k \delta_k^{l+1} \frac{\partial u_k^{l+1}}{\partial u_j^l} \tag{3.7}$$

と表現できる．次に，$\partial u_k^{l+1}/\partial u_j^l$ について，

$$u_k^{l+1} = \sum_{j=1}^{J} w_{kj}^{l+1} z_j^l + w_{k0}^{l+1}$$

$$= \sum_{j=1}^{J} w_{kj}^{l+1} f\left(u_j^l\right) + w_{k0}^{l+1}$$

であることから

$$\frac{\partial u_k^{l+1}}{\partial u_j^l} = w_{kj}^{l+1} f'\left(u_j^l\right) \tag{3.8}$$

となる．

以上から，

$$\delta_j^l = \sum_k \delta_k^{l+1} \left(w_{kj}^{l+1} f'\left(u_j^l\right)\right)$$

$$= f'\left(u_j^l\right) \sum_k \delta_k^{l+1} w_{kj}^{l+1} \tag{3.9}$$

となり，これを逆伝播公式と呼ぶ．逆伝播の重要な式である．

これにより，δ_j^l を δ_k^{l+1} から計算することが可能となる．つまり，上流のユニットから逐次的に δ_j^l を計算することができる．

② $\partial u_j^l / \partial w_{ji}^l$

残りの $\partial u_j^l / \partial w_{ji}^l$ については，

$$\frac{\partial u_j^l}{\partial w_{ji}^l} = z_i^{l-1} \tag{3.10}$$

となる．

よって，

$$\frac{\partial E_m}{\partial w_{ji}^l} = \delta_j^l z_i^{l-1}$$

となる．つまり，δ と z の積で表現できる．δ は，前述の通り逆伝播公式を用いて，出力層から入力層の方向に逐次的に計算することができる．z については，$\boldsymbol{W}$

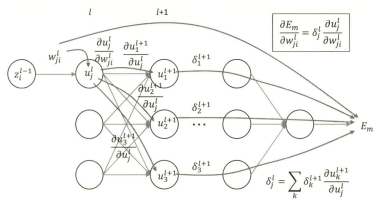

図 3.11 (3.6)〜(3.7) 式のイメージ

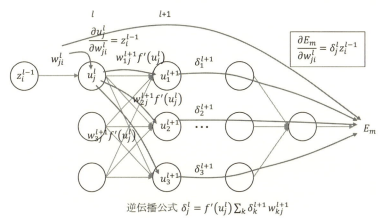

逆伝播公式 $\delta_j^l = f'(u_j^l) \sum_k \delta_k^{l+1} w_{kj}^{l+1}$

図 3.12 (3.8)〜(3.10) 式のイメージ

を所与として入力層から出力層に向けて，入力変数から順伝播を行えば計算が可能である．

誤差逆伝播についてまとめると次の通りとなる．

1) 入力変数 x をネットワークに投入し，順伝播により，各層の u および z を計算する．
2) 出力層の δ_j^L を算出．
3) 逆伝播公式を用い，各層 l の δ_j^l を $l = L - 1$ から $l = 2$ に向けて計算を

する.

4) 各層の l で目的の微分 $\partial E_m / \partial w_{ji}^l$ を計算する.

以上から,サンプル全体に対する勾配は,

$$\frac{\partial E}{\partial w_{ji}^l} = \sum_m \frac{\partial E_m}{\partial w_{ji}^l}$$

で求められる.

次に,順伝播および逆伝播を行列を用いて表す. GPU などを用いた並列演算のプログラミングを行うためには必要な考え方となる. ここでは,M 個の観測値をまとめて用いることを考える.

まず,順伝播について次のように表現できる.

$$\underset{(J \times M)}{\boldsymbol{U}^l} = \underset{(J \times I)(I \times M)}{\boldsymbol{W}^l \, \boldsymbol{Z}^{l-1}} + \underset{(J \times 1)(1 \times M)}{\boldsymbol{b}^l \, \boldsymbol{1}_M^{\mathrm{T}}}$$

$$\underset{(J \times M)}{\boldsymbol{Z}^l} = f^l \underset{(J \times M)}{\left(\boldsymbol{U^l} \right)}$$

ここで

$$\boldsymbol{U}^l = \left[\boldsymbol{u}_1^l, ..., \boldsymbol{u}_M^l \right], \quad \boldsymbol{Z}^l = \left[\boldsymbol{z}_1^l, ..., \boldsymbol{z}_M^l \right]$$

である. 一方で,誤差逆伝播法で必要となる δ の計算に必要な公式を行列で表現する. まず,第 l 層の δ_j^l からなるベクトルおよび,観測値ごとの δ をまとめた行列について,

$$\boldsymbol{\delta}^l = \begin{pmatrix} \delta_1^l \\ \vdots \\ \delta_J^l \end{pmatrix}, \quad \boldsymbol{\Delta}^l = [\boldsymbol{\delta}_1^1, ..., \boldsymbol{\delta}_M^1]$$

とする. 逆伝播公式は,

$$\underset{(I \times M)}{\boldsymbol{\Delta}^{l-1}} = f^{l\prime} \underset{(I \times M)}{\left(\boldsymbol{U}^{l-1} \right)} \odot \left(\underset{(I \times J)}{(\boldsymbol{W}^l)^{\mathrm{T}}} \underset{(J \times M)}{\boldsymbol{\Delta}^l} \right)$$

と表現できる. $\odot$ は,行列の要素ごとの積演算を表す.

以上より,実際に勾配は,

$$\underset{(J \times I)}{\frac{\partial E_m}{\partial \boldsymbol{W}^l}} = \underset{(J \times M)(M \times I)}{\boldsymbol{\Delta}^l \, (\boldsymbol{Z}^l)^{\mathrm{T}}}$$

$$\underset{(J \times 1)}{\frac{\partial E_m}{\partial \boldsymbol{b}^l}} = \underset{(J \times M)(M \times 1)}{\boldsymbol{\Delta}^l \, (\boldsymbol{1}^{l-1})^{\mathrm{T}}}$$

によって計算できる．このように，勾配の計算は，順伝播と逆伝播により逐次的に計算された $\mathbf{\Delta}^l, \mathbf{Z}^l$ により並列で計算できる．

さらに，勾配降下法を適用すると，

$$\mathbf{W}^{l(t+1)} = \mathbf{W}^{l(t)} - \eta \frac{\partial E_m}{\partial \mathbf{W}^l}$$

$$\mathbf{b}^{l(t+1)} = \mathbf{b}^{l(t)} - \eta \frac{\partial E_m}{\partial \mathbf{b}^l}$$

によってパラメータが更新される．

3.2.4 勾配消失問題

多層のニューラルネットワークの学習を行うにあたっては，勾配消失問題という重要な問題がある．逆伝播法を行うときに，δ を計算するにあたり，$f'(u)$ の演算が必要となる．活性化関数の微分であるが，前述のように活性化関数は一般に非線形関数が選ばれる．また，値域が [0,1] の範囲に制約されたものが選ばれることが多く，これにより順伝播のプロセスで，各層の出力が [0,1] の範囲に収まる．一方で，逆伝播において，例えば，ロジスティック関数の微分の最大値は，0.25である．逆伝播法では，層が深いほど，この微分を逐次的に積演算していくため，δ が 0 に消失してしまう可能性があり，重みの更新がうまくいかない可能性がある．活性化関数の 1 つである ReLU を用いると微分は 0 もしくは 1 となり，勾配消失問題に対処できる方法として有効であることが知られている．

実際に図 3.7 で紹介した活性化関数の勾配を示すと，図 3.13 の通りとなる．

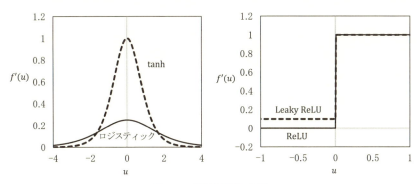

図 3.13 活性化関数の勾配

3.2.5 学習に関する手法

ここまで，誤差関数の最小化を行う手法について述べた．観測データのうち実際に学習に用いる訓練データに対するフィッティングは行えるが，実際には訓練データと独立した検証用データに対しての誤差も抑えるような汎化性能が求められる．つまり，過学習を避けることが重要となる．

a. 正 則 化

正則化は，過学習を避けるために，ニューラルネットワークに限らず機械学習全般で用いられる手法である．誤差関数に何らかの罰則項を加え，特定の重みが大きくなりすぎることを制御するものである．単純なアプローチとして荷重減衰 (weight decay) がある．次のように誤差関数に重みの二乗和を加えるものである．

$$\tilde{E}(\boldsymbol{w}) = E(\boldsymbol{w}) + \frac{\lambda}{2}||\boldsymbol{w}||^2$$

λ はハイパーパラメータである．モデル推定を行う人の主観 (ベイズ的考え) や，汎化性能が高まるように選択される．このとき，勾配降下法によるパラメータの更新は次のようになる．

$$\boldsymbol{w}^{(t+1)} = \boldsymbol{w}^{(t)} - \eta \left(\nabla E\left(\boldsymbol{w}^{(t)}\right) + \lambda \boldsymbol{w}^{(t)} \right)$$

つまり，$\boldsymbol{w}$ は，自身の大きさに比例し，減衰することとなる．なお，バイアスについては，目的関数の原点を決めるためにあるため，大きい値も許容し，正則化項から外すことが多い．

b. ドロップアウト

ドロップアウトは，過学習の制御の中で，有効なアプローチとされている．ドロップアウトでは，複数のモデルを学習しその平均をとる手法をとっている [9]．そのために，各ユニットが確率的に生じるようにしている．

具体的には，各層のユニットに対し，層ごとに定めたある割合 α^l で，ランダムに有効にし，$1-\alpha$ を無効化するということを行う．無効化したユニットにつながる重みの更新は行わず，有効なユニットの重みのみ更新を行うものである．つまり，有効なユニットのみからなるニューラルネットワークに対し，順伝播，逆伝播の計算を行い，重みの更新を行う．ユニットの選別と，有効ユニットでの重みの更新を繰り返し行う方法である．この方法により推定されたパラメータを用いて予測値の算出を行うときには，各層で出力を α^l 倍する．

---

[9]　ドロップアウトは，複数モデルの幾何平均の近似と見なせるとされている (Baldi and Sadowski[31])．

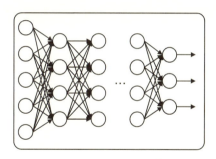 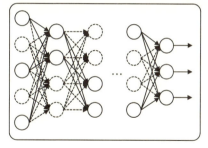

図 3.14 ドロップアウトの例
左図がドロップアウト前のネットワークである．右図がドロップアウトを用いた場合の
ある重み更新時にランダムに選択された有効なユニットと，それに関連する重みの結合
の例を示したものである．入力層と中間層のみ，一部が無効化されている．

また，正則化の組み合わせについて重み上限である $||w||^2$ を，ある定数 $\mathscr{C}$ を上限とするような制約を課す正則化方法と組み合わせることで高い効果が出ることも報告されている．

c. ミニバッチ

規模の大きいニューラルネットワークでは，計算コストが大きくなる．このため効率的な計算を行うために，重みの更新を訓練データ全体を使用し更新するのではなく，小さいサンプル集合をランダムに選択し重みを更新していく方法である．ミニバッチは，通常数十から数百のサイズとされる．

d. AdaGrad

確率的勾配降下法においては，学習率 η の調整が推定の精度に関し非常に重要となる．学習率の調整に関する代表的な手法として AdaGrad (additive gradient algorithm) が挙げられ，一般的に用いられている．具体的には，t 回目の勾配の更新における学習率 η_t を

$$\eta_t = \eta_{t-1} - \frac{\epsilon}{c + \sqrt{\sum_{t=1}^{\tau} \nabla E_t \odot \nabla E_t}} \odot \nabla E_\tau$$

とする．ϵ は，すべての学習率に共通の定数である．c は発散を防ぐための十分小さい定数である．

e. 自己符号化器

局所解に陥る問題を解決する方法として自己符号化器 (autoencoder) が挙げられる．後述する畳み込みニューラルネットワーク (第 5 章参照) では，人工的に層の構造を与えており，その問題の特徴をとらえることのできる仕組みをもってい

るが，構造がわからない問題に対しどのような構造を想定するか，初期値をどのようにとるかは大きな課題となる．

自己符号化器により訓練データの教師なし学習を行えば，データの特徴をとらえるパラメーターを初期値として用いることができる．これは，Hinton[33] で deep belief network の分野で用いられ，その後ニューラルネットワークの分野でも多層ニューラルネットワークのパラメータの初期値を決定するのに有効な手法として用いられるようになった．このパラメータの初期値決定のための学習は事前学習と呼ばれ，複雑な DNN を推定するにあたり，学習性能の向上につながったため，2000 年後半以降の DNN の発展のきっかけになったとされる．

自己符号化器の特徴としては，いったん，入力変数を低次元の特徴に変換し(符号化)，低次元の特徴から元の入力変数を復元する(復号化) ネットワークを構築することである．1層のニューラルネットワークを例にすると，図 3.15 の通りである．出力層で折り返し，入力層と同じ数のユニットを保有する出力層を構築し，出力変数を入力変数自身とすることで構築される．これまでに説明を行った通常のニューラルネットワークと同様に誤差関数を最小化するように，パラメータを推定する．

多層ニューラルネットワークの場合も同様に，出力層で折り返す形で，自己符号化器を作成すればよい．多層ニューラルネットワークの事前学習には，さらに積層自己符号化器というアプローチが用いられる．これは，多層のニューラルネットワークにおいて，入力層から逐次的にパラメータの事前学習を行うアプローチ

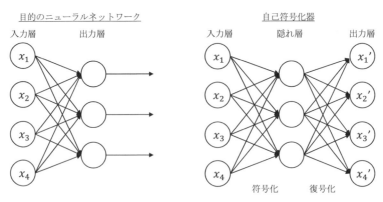

図 3.15　1 層のニューラルネットワークの自己符号化器

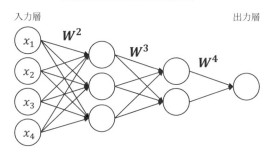

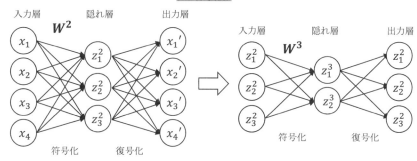

図 3.16 3層ニューラルネットワークの積層自己符号化器

である．イメージは，図 3.16 の通りである．まず 1 層目は，1 層のニューラルネットワークの自己符号化器と同様に求め，W^2 の初期値を推定する．次に 1 層目の自己符号化器から得られた z^2 を用いて 2 層目の自己符号化器を推定し，W^3 の初期値を推定する．このように逐次的に z^l を求め推定を行っていくことになる．なお，出力層につながる中間層との間のパラメータは，特徴を表す必要がないため，自己符号化器を構築する必要はない．

3.2.6 学習曲線と早期終了

ネットワークの複雑さを制御する方法の 1 つに早期終了の手順がある．保有するデータセットを，学習に用いる訓練データと汎化性能を確認するための検証データに独立に分ける．

訓練データの誤差を訓練誤差といい，訓練誤差を最小化することで学習をさせると同時に，検証データに対する誤差である検証誤差も測定を行う．しばしば，最初は共に減少するものの，ネットワークが過学習を始めると検証誤差が増加す

る．よって，検証誤差が最小になったところで訓練を終了できれば，よい汎化性能をもつと考えられる．ただし，検証データの選択の仕方によっては早期終了のタイミングが変わるので注意が必要である．

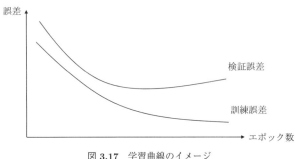

図 3.17 学習曲線のイメージ

3.2.7 GPU を用いた並列演算について

逆伝播法の計算で述べたように，観測データ数が増え，ニューラルネットワークの層の数も増えると，計算に必要なコンピュータのリソースが非常に多くなり，パラメータを推定するまでに多大な時間がかかってしまうという問題がある．

この問題を解消するための方法として，GPU (graphics processing units) を利用した並列計算を使用することが挙げられる．ここでは並列計算の詳細までは踏み込まないが，GPU 演算に関する概要に触れておく．

まず最初に GPU の概要について述べる．GPU はもともと，ディスプレイに出力するための画像を高速に生成するグラフィックプロセッサである．通常コンピュータの演算機能は CPU (central processing unit) が行うが，近年ゲームや映像の高画質化により，グラフィックス処理が増大してきた．そのため，グラフィックス処理を CPU から切り離し，ビデオカードと呼ばれる周辺装置に行わせるようになっている．ビデオカードの中で実際に演算を担うのが GPU であり，同時に多くの処理をこなすため，並列演算に特化したアーキテクチャとなっている．この並列演算の性能に着目し，数値計算の分野への応用ということが試みられるようになった．特に，2006 年に NVIDIA 社が Compute Unified Device Architecture (CUDA) というプログラミングモデルをリリースし，GPU コンピューティングが広まってゆくこととなった．CUDA は，C 言語をベースにして開発を行うことが

可能な総合開発環境である．また，NVIDIA 社は，DNN の計算に特化したライブラリ cuDNN (CUDA Deep Neural Network library) をリリースしている [10]．TensorFlow, Theano, Caffe, Chainer などのフレームワークでも，cuDNN を用いた GPU 演算が行える機能が組み込まれている．

　GPU の性能は，近年，加速度的に向上をしており，例えば 2016 年に発売された GeForce GTX 1080 であれば，10 万円前後の値段で，コア数は 2560，単精度演算で 8.872 TFLOPS[11] の演算性能である．GPU での計算環境を構築する際には，注意点がいくつか挙げられる．まず，1 つ目がメモリの問題である．ディープニューラルネットワークは，汎化性能やその有効性を発揮するため大量のデータ量を必要とし，推定の際に必要なメモリ容量が大きくなる．しかしながら，GPU は CPU に比べメモリ容量が限られるケースが多い．特にゲーム PC 用の GPU はメモリが小さいケースが多いが，一方で数値計算用につくられた GPU はメモリ容量が大きいケースが多い．複数の GPU を用いるなどの方法で，メモリの問題にも対応しつつ並列計算の効果を得ることが必要となる．

　2 つ目の注意点は，単精度演算か倍精度演算で計算速度が大きく異なることである．GPU の計算フレームワーク (TensorFlow, Theano, Caffe, Chainer など) では，単精度演算が主流になっており，数値演算用の GPU を利用しても倍精度演算に特化しているため，それほどゲーム用 GPU と精度が変わらないことがある．ただし，C 言語でプログラミングを行った場合には，倍精度で行うことも可能であり，開発環境に応じ性能を確認することが必要である．また，GPU を複数用いたマルチ GPU による演算も行うことが可能である．その他，電源の容量や冷却装置の性能，マザーボードの性能なども問題になってくる．また，GPU を用いてすべての演算を並列化できるわけではなく，CPU の演算性能や，CPU と GPU 間のメモリの受け渡しにかかる処理時間なども注意してプログラミングを行う必要がある．

---

[10]　2018 年 1 月現在，CUDA の最新 9.0 は Volta 世代に対応する．旧世代の GPU，ライブラリとの互換性には留意が必要である．

[11]　FLOPS (floating-point operations per second) は，コンピュータの性能指標の 1 つ．1 秒間に浮動小数点数演算が何回できるかであり，ここでは理論値を示している．実際の値と異なる点にも注意が必要である．1 T (テラ) は 10^{12} (1 兆) である．

3.3 再帰型ニューラルネットワーク

ここまで紹介したニューラルネットワークは，入力と出力に対して系列構造を組み込んでいない．系列構造をもつデータとは，例えばいくつかの単語によってできる文章のように，構成要素の並び順が意味をもつデータをいう．実際に，音声データ，言語や動画といった系列データを扱うときには時系列構造を織り込んだニューラルネットワークで分析を行う必要がある．特に金融では，金融市場の為替，株価や景気指標などが時系列データであり，分析において同様に系列構造を表現する必要がある．

系列データを扱うニューラルネットワークの1つに，再帰型ニューラルネットワーク (recurrent neural network，以下 RNN) がある．ここでは，まず RNN の中でもシンプルな構造を紹介する．中間層が，過去の中間層に影響を受けるという構造を仮定する．具体的には，ある時点の中間層の出力が，次の時点の中間層の入力となるという構造である (図 3.18)．このため，再帰型と呼ばれている．

ここからは，バイアスを省略して説明を行う．ある時点の中間層の出力が，次の時点の中間層の入力となるという構造は，具体的に次の (3.11) 式で表現できる．

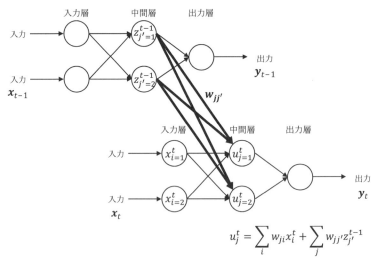

図 3.18 再帰型ニューラルネットワークのイメージ 1

3.3 再帰型ニューラルネットワーク

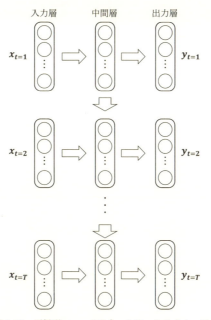

図 3.19 再帰型ニューラルネットワークのイメージ 2

(3.1) 式と比較し，2 項目に 1 期前の中間層の出力が入っていることがわかる．

$$u_j^t = \sum_{i=1}^{I} w_{ji} x_i^t + \sum_{j'=1}^{I} w_{jj'} z_{j'}^{t-1} \tag{3.11}$$

RNN の推定を行うには，中間層の δ_j^t ($t = 1,...,T-1$) に関する逆伝播公式を修正する必要がある．(3.9) 式の導出に注意すると，次のように書き換えられる．

$$\delta_j^t = \frac{\partial E_m}{\partial u_j^{l,t}} = \sum_k \frac{\partial E_m}{\partial u_k^{l+1,t}} \frac{\partial u_k^{l+1,t}}{\partial u_j^{l,t}} + \sum_{j'} \frac{\partial E_m}{\partial u_{j'}^{l,t+1}} \frac{\partial u_{j'}^{l,t+1}}{\partial u_j^{l,t}}$$

$$= \left(\sum_k w_{kj}^{l+1} \delta_k^{l+1,t} + \sum_{j'} w_{jj'} \delta_{j'}^{l,t+1} \right) f'\left(u_j^t \right)$$

このような手順により，系列データの構造を表現することが可能となる．その一方で，RNN は勾配消失問題の影響を受け，系列数が長くなると推定が困難になるという問題がある．つまり，長期の記憶を表現できないということである．この問題に対処するためのアプローチはいくつか提案されているが，その中の 1 つに長・短期記憶 (long short term memory：LSTM) がある．ここでは LSTM についても概説を行う．

LSTM の構造は，図 3.20 に示す通りである．新たに LSTM セルを導入し，そ

3. 金融データ解析のためのディープニューラルネットワーク

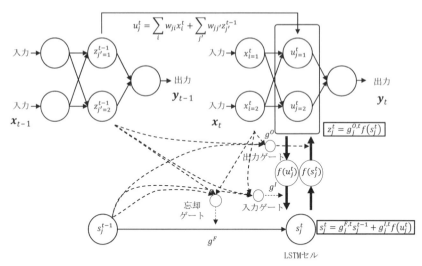

図 3.20 LSTM 構造

こに状態 s_j^t を保有するような構造を導入する．状態 s_j^t は，1 時点前の s_j^{t-1} と u_j^t の影響を受ける．その際，それぞれ忘却ゲート，入力ゲートを導入し，忘却率 $g^F \in [0,1]$，入力率 $g^I \in [0,1]$ の影響を受け，次の式のように表されるとする．

$$s_j^t = g_j^{F,t} s_j^{t-1} + g_j^{I,t} f\left(u_j^t\right)$$

また，中間層の出力については，この状態 s_j^t を用い，さらに出力率 $g^O \in [0,1]$ の影響を受けるとする．

$$z_j^t = g_j^{O,t} f(s_j^t)$$

これらの忘却率，入力率，出力率によって，長期の記憶をコントロールすることが可能となるのが特徴である．忘却率，入力率，出力率は，次のように同時点の入力と，1 時点前の中間層の出力と LSTM セルの状態の関数で表されるとする．

$$g^{M,t} = f\left(\sum_j w_{ji}^M x_i^t + \sum_{j'} w_{jj'}^M z_{j'}^{t-1}\right) \quad (M = F, I, O)$$

4

金融データ解析への応用

　本章では 2～3 章で解説した各モデルについて，実データを用いた応用例を示す．金融実務において機械学習の応用が期待される分野はいくつか存在するが，本章では代表的な例としてマーケティング分析，信用リスクモデル，不動産価格推定，テキストマイニングの 4 つについて解説する．

　機械学習モデルを使用する場合に限らず，一般に統計分析を行う際に必要となるデータの事前処理などの基本的な処理についても，本章ではソースコードを交え詳細な解説を行う．また，被説明変数がとりうる値 [*1] によって，モデルの精度を評価するためのスコアの算出方法が異なる．本章の例では 4.1 節と 4.2 節が 2 値分類問題，4.3 節が連続値の回帰問題，4.4 節が多クラス分類問題となっており，それぞれ異なった方法でモデルの評価を行っている．

　次節以降では上記 4 つの事例について，元データの加工からモデル精度の比較まで，実際に分析を行う際の手順に沿って解説する．

4.1 顧客データから商品購入を予測 —マーケティング分析—

　マーケティング分析は古くから統計分析が行われている分野の 1 つである．典型的な例として，年齢や性別などの顧客の属性データと商品購入履歴データを用い，顧客属性ごとの商品購入の有無を推定するモデルが挙げられる．こうしたモデルを活用することで，購入する確率の高い顧客に集中的にマーケティングを行うなど，ビジネスを効率化することが可能となる．

　加えて，昨今ではストレージの大容量化や通信技術の発達により，オンライン

[*1] 連続値，0-1 の 2 値，多クラスの場合などが考えられる．

ショップのアクセスログや購買履歴といった膨大なデータの蓄積が進み、顧客分析に利用されるようになっている。こうした大規模なデータからモデルを構築する場合、問題設定によっては多次元の入力値をもつモデルを扱う必要性が生じる。こうした問題に対するアプローチとして、従来から用いられてきた統計手法に加え、機械学習などの新しい手法が選択肢の1つとなっている。

本節では、こうしたマーケティング分析の一例として、Moro et al.[33] による、定期預金の電話勧誘データを用いた分析例を示す。同論文ではポルトガルの銀行による 2008〜2013 年の電話マーケティングのデータをもとに、ロジスティック回帰、決定木、ニューラルネットワーク、SVM の4つのモデルによる推定を行い、それぞれの精度を検証している。

以降では、まず分析の前準備として、基礎分析およびデータの加工方法を示す。その後、ロジスティック回帰、決定木、SVM、ランダムフォレスト、ブースティング木、多層パーセプトロン、3〜5 層の DNN の9つのモデルで推定を行い、それぞれの精度の比較を行う。

4.1.1 データの準備

元データは UCI Machine Learning Repository[5] で公開されているもの *2) を用いる。同リポジトリからダウンロードした元データ (bank-additional-full.csv) に含まれるデータ項目は表 4.1 の通りである。年齢や職業といった顧客ごとの属性データに加え、消費者物価指数や Euribor 3M などのマクロファクターが追加されている。被説明変数 Y の内訳は、購入が 4,640 件、購入なしが 36,548 件となっており、分布に偏りがあることがわかる。元データの特徴を確認するため、表 4.1 の X1〜X20 のうち、特徴的な変数の分布を図 4.1〜4.4 に示した。図 4.1 を見ると、年齢別では 30 代の購入率が相対的に高いことがわかる。職業別ではブルーカラー (blue-collar)、事務職 (admin.)、退職済み (retired) の購入率が高く (図 4.2)、配偶者の有無では、配偶者あり (married) の購入率が相対的に高い (図 4.3)。

---

*2) 同リポジトリで公開されているデータは、原論文[33] で使用されているものと多少異なっている点に注意が必要である。例えば、原論文には 52,944 件のデータを用いたとの記載があるが、リポジトリで公開されているデータ件数は 41,188 件である。また、原論文では架電した時期ごとにデータセットを分割し、フォワードルッキングなバックテストによりモデルの評価を行っているが、リポジトリから取得できるデータには架電した時期を示す項目は含まれておらず、厳密に現論文と同様のバックテストを行うことは不可能である。

4.1 顧客データから商品購入を予測 —マーケティング分析—

表 4.1 データ項目

変数	名称	値
X1	年齢	連続値
X2	職業	カテゴリー別
X3	配偶者の有無	カテゴリー別
X4	学歴	カテゴリー別
X5	デフォルトの有無	Yes/No/Unknown
X6	住宅ローンの有無	Yes/No/Unknown
X7	消費者ローンの有無	Yes/No/Unknown
X8	コンタクトの方法	固定電話/携帯電話
X9	コンタクトした月	カテゴリー別
X10	コンタクトした曜日	カテゴリー別
X11	コンタクト時の通話時間	連続値
X12	キャンペーン期間中の契約数 (今回の契約も含む)	連続値
X13	前回キャンペーン時の契約からの経過日数	連続値
X14	過去キャンペーンでの契約数	連続値
X15	前回キャンペーンでの勧誘結果	カテゴリー別
X16	雇用率 (経済指標)	連続値
X17	消費者物価指数 (経済指標)	連続値
X18	消費者信頼感指数 (経済指標)	連続値
X19	Euribor 3M (市場変数)	連続値
X20	雇用者数 (経済指標)	連続値
Y	当該顧客が定期預金を購入したか	Yes/No

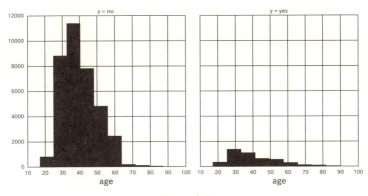

図 4.1 年齢

また，図 4.4 の通り，前回キャンペーン時に定期預金を購入した顧客は今回も購入しやすい傾向にある．

次に，連続値をとる変数間の関係性を確認するため，図 4.5 に各変数の相関

82   4. 金融データ解析への応用

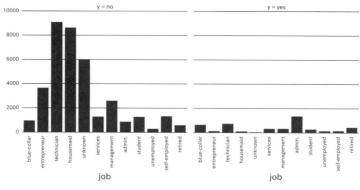

図 4.2　職業の分布

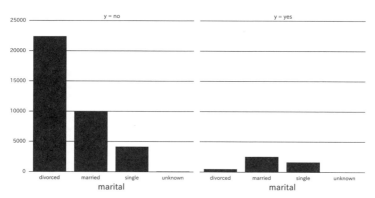

図 4.3　配偶者の有無

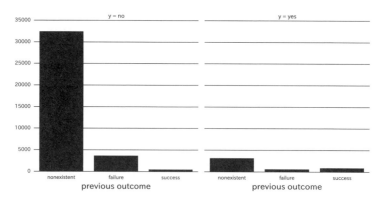

図 4.4　前回キャンペーン時の勧誘結果

4.1 顧客データから商品購入を予測 —マーケティング分析— 83

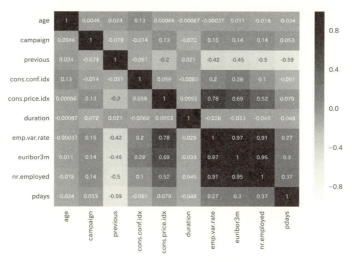

図 4.5 連続値をとる変数の相関関係

係数を示した[*3]．図 4.5 を見ると，雇用率 (emp.var.rate)，Euribor 3M，雇用者数 (nr.employed) などのマクロファクター間で相関が高くなっていることがわかる[*4]．

上記の通り各変数の分布や相関を確認した後，実際にモデルを推定するためのデータ加工を行う．まず，連続値以外の値をとる変数については，Python の数値計算ライブラリである pandas[34, 35] の get_dummies メソッドにより 0-1 変数へ変換する．ただし，値が Yes/No/Unknown となっている変数については，表 4.2 の

表 4.2 Yes/No/Unknown 変数の変換

値	変換後
Yes	1
Unknown	0
No	−1

[*3] 色が濃いほど強い正の相関があることを示す．
[*4] これらのデータは時系列かつ (差分ではなく) 水準での比較となるため，相関が高く見えてしまっている可能性がある．通常，変数間に強い相関関係がある場合には多重共線性 (multicollinearity) に注意する必要がある．多重共線性により，パラメータを数値的に求めることができない，求められたとしても信頼性が低いなどの問題が発生するからである．一方で，原論文[33]を含め，機械学習系の論文でこうした多重共線性を回避するための処理を行っていることは稀である．機械学習系の研究ではモデルに正則化などのペナルティを課すことにより，多重共線性に陥る可能性が排除されているという共通認識があるものと推測される．

通り −1〜1 の数値へと変換，連続値をとる変数についてはすべて標準化を行った．

上記の手順でデータを加工するプログラムをソースコード 4.1 に示す．リポジトリからダウンロードした csv ファイル (bank-additional-full.csv) を pandas の DataFrame 形式で読み込み，ダミー変数への変換と標準化を行った後，検証データと訓練データを HDF 形式のファイル (db.h5) として保存している．最終的に，48 次元の入力と，表 4.1 の Y を 0-1 変数に変換したものを被説明変数としてモデルの推定を行った．

ソースコード **4.1** Python3.5 データの加工

```
1   # 必要なパッケージをインポート
2   import pandas as pd
3   from sklearn.cross_validation import train_test_split
4   from sklearn.preprocessing import StandardScaler
5
6   # データをロード
7   df = pd.read_csv('bank-additional-full.csv', sep=';')
8
9   # カテゴリー別データ変換用の変数を定義
10  binary_columns = ['default', 'housing', 'loan']
11  binary_convertor ={"no":-1,"yes":1,"unknown":0}
12  y_convertor ={"no":0,"yes":1}
13
14  # カテゴリー別データをダミー変数へ変換
15  data = pd.get_dummies(df[['job', 'marital', 'education','contact',
            'month', 'day_of_week','previous']], drop_first = True)
16  data['default'] = df['default'].map(binary_convertor)
17  data['housing'] = df['housing'].map(binary_convertor)
18  data['loan'] = df['loan'].map(binary_convertor)
19  data['y'] = df['y'].map(y_convertor)
20
21  # 数値データを標準化
22  std_columns =['age', 'campaign','previous','cons.conf.idx', 'cons.
            price.idx', 'duration', 'emp.var.rate', 'euribor3m', 'nr.
            employed', 'pdays']
23  stdc = StandardScaler()
24  df_std = pd.DataFrame(stdc.fit_transform(df[std_columns]), columns
            =std_columns, index=df.index)
25  for c in std_columns:
26      data[c] = df_std[c]
27
28  # 訓練データと検証データに分割
29  X, Y = data.drop('y', axis=1).values, data['y'].values
30  X_train, X_test, Y_train, Y_test = train_test_split(X, Y,
            test_size=0.3)
31
32  data_train = pd.DataFrame(X_train, columns= data.columns.drop('y'
            ))
33  data_train['y'] = Y_train
34
```

```
35    data_test = pd.DataFrame(X_test, columns= data.columns.drop('y'))
36    data_test['y'] = Y_test
37
38    # 加工したデータを保存
39    data_test.to_hdf('db.h5', key='test')
40    data_train.to_hdf('db.h5', key='train')
```

4.1.2 F1 ス コ ア

2値分類モデルの評価基準として，いくつかのスコアリング手法が存在する．最もシンプルな手法は正解率 (accuracy) であろう．N 個の元データに対し，モデルによる予測値を $\hat{y}_i$ ($i = 1 \ldots N$)，実際の値を y_i ($i = 1 \ldots N$) とすると，正解率は

$$\text{Accuracy} = \frac{1}{N} \sum_{i=1}^{N} \mathbf{1}_{\{\hat{y}_i = y_i\}}$$

で表される．正解率はモデルの全体的な性能を測る上で有益な指標であるが，本節の分析例のデータのように，被説明変数の分布に偏りがある場合などは別の指標を用いることが望ましい [*5]．

2値分類の場合，モデルの予測結果と実際の値の組合せは表 4.3 に示した 4 種類となる．表 4.3 は混合行列 (confusion matrix) と呼ばれ，真陽性 (true positive, TP)，真陰性 (true negative, TN)，偽陽性 (false positive, TP)，偽陰性 (false negative, FN) の 4 要素で構成される．表 4.3 の各要素を用いた代表的な指標として，適合率 (precision) と再現率 (recall) が挙げられる．例えば，モデルで Yes と予測したデータのうち，実際の値も Yes であるものの割合に興味がある場合は適合率 (precision) を用いるのが適切である．適合率は

$$\text{Precision} = \frac{\text{TP}}{\text{TP} + \text{FP}} \tag{4.1}$$

で表される．逆に，実際の値が Yes となっているデータのうち，モデルでも Yes と予測しているものの割合に興味がある場合は，再現率を用いる．再現率は

表 **4.3** 混合行列 (confusion matrix)

	実績値が Yes	実績値が No
予測値が Yes	真陽性 (true positive)	偽陽性 (false positive)
予測値が No	偽陰性 (false negative)	真陰性 (true negative)

[*5] 例えば，Yes が 10 件，No が 90 件のデータセットでは，すべてを No と判定するようなモデルでも正解率は 90%となる．

$$\text{Recall} = \frac{\text{TP}}{\text{TP} + \text{FN}} \tag{4.2}$$

で表される.

実際の分析では F1 スコア [*6)] と呼ばれる指標を用いることが多い. F1 スコアは (4.1) 式および (4.2) 式で定義される適合率と再現率の調和平均をとることにより,

$$\begin{aligned} \text{F1} &= 2 \cdot \frac{1}{1/\text{Precision} + 1/\text{Recall}} \\ &= 2 \cdot \frac{\text{Precision} \cdot \text{Recall}}{\text{Precision} + \text{Recall}} \end{aligned} \tag{4.3}$$

と表される. ソースコード 4.2 は scikit-learn の precision_score モジュール, recall_score モジュールおよび f1_score モジュールを用いて事前に推定を行い PKL 形式で保存したロジスティック回帰モデル (lr.pkl) の適合率, 再現率, F1 スコアを算出するプログラムである.

ソースコード **4.2** Python3.5 F1 スコア

```
1   # 必要なパッケージをインポート
2   import pandas as pd
3   import numpy as np
4   from sklearn.externals import joblib
5   from sklearn.metrics import precision_score, recall_score,
        f1_score
6
7   # データをロード
8   df = pd.read_hdf('db.h5', key='test', mode='r')
9   X, Y = np.array(df.drop('y', axis=1)), np.array(df['y'])
10
11  # モデルをロード
12  lr = joblib.load('lr.pkl')
13
14  # Precisionスコアを表示
15  pre = precision_score(Y, lr.predict(X))
16  print(pre)
17
18  # Recallスコアを表示
19  rec = recall_score(Y, lr.predict(X))
20  print(rec)
21
22  # F1スコアを表示
23  f1 = f1_score(Y, lr.predict(X))
24  print(f1)
```

F1 スコアは 0 と 1 の間の値をとり, 高いほどよい精度となっていることを示す. 特に, 適合率と再現率が両方とも 1 である場合に, F1 スコアは 1 となる. 次節の検証では F1 スコアを用いてモデルの性能評価を行う.

[*6)] F 値や F 尺度とも呼ばれる.

4.1.3 モデルの比較

本節ではロジスティック回帰[*7)]，決定木，SVM，多層パーセプトロン，DNN (3層〜5層)[*8)]，ランダムフォレスト，ブースティング木の9モデルについて，それぞれの性能評価を行う．評価の方法としてホールドアウト法を採用する．まず，ソースコード4.3の通り元データをランダムに7：3で分割し，それぞれを訓練データおよび検証データとする．その後，訓練データで各モデルのパラメータを推定し，それらの検証データに対するスコアを算出する[*9)]．各モデルのハイパーパラメータについては訓練データに対して$k=3$のグリッドサーチを行うことで決定した[*10)]．最終的に決定された各モデルのハイパーパラメータを表4.4に示した．

その後，表4.4のハイパーパラメータを用い，訓練データ全体に対して各モデルの推定を行った．推定したモデルの検証データと訓練データに対するスコアは表4.5の通りである．検証データに対するF1スコアはブースティング木が最もよい結果となった[*11)]．適合率と再現率を見ると，ブースティング木の適合率は

表 4.4 ハイパーパラメータ

モデル	ハイパーパラメータ
ロジスティック回帰	正則化：L2, C=1000
決定木	Criterion：エントロピー，最大の深さ：5
SVM	$C = 10, \gamma = 0.1$
多層パーセプトロン	活性化：Logistic，隠れ層次元：24
DNN (3層)	活性化：ReLU，隠れ層次元：48, L2 正則化，ドロップアウト：0.5〜0.8
DNN (4層)	活性化：ReLU，隠れ層次元：48, L2 正則化，ドロップアウト：0.5〜0.8
DNN (5層)	活性化：ReLU，隠れ層次元：48, L2 正則化，ドロップアウト：0.5〜0.8
ランダムフォレスト	Estimator の数=100，最大の深さ=25
ブースティング木	学習率=0.1, min child weight=0.5, Estimator の数=30，最大の深さ=5

[*7)] 通常，線形回帰やロジスティック回帰で推定を行う際には，ステップワイズ法などの方法で変数の選択を行う場合が多い．しかしながら scikit-learn の線形回帰，ロジスティック回帰モジュールにはこうした機能は実装されていないため，本章における分析ではすべての変数を使用したモデルにより推定を行っている．

[*8)] 本節の DNN モデルはすべて Keras[4] によって実装した．Keras による DNN の実装例については，本シリーズの既刊[1] の第2章を参照されたい．

[*9)] こうした方法は，本シリーズの既刊[1] の第2章で説明した交差検証と比較するとややラフな手法であるといえる．本節の分析例では，DNN モデルで交差検証を行う際の計算負荷が高いため，同手法を採用した．

[*10)] グリッドサーチの詳細については本シリーズの既刊[1] の第2章を参照されたい．

[*11)] 一方で，3〜5層の DNN はブースティング木などと比べて相対的に低いスコアとなっている．これは，前述の通りハイパーパラメータのグリッドサーチを行わなかったことなどが要因と思われる．

表 4.5 推定結果

モデル	検証データ			訓練データ		
	F1	適合率	再現率	F1	適合率	再現率
ロジスティック回帰	0.5115	0.6523	0.4207	0.5200	0.6646	0.4271
決定木	0.5968	0.6139	0.5807	0.6185	0.6445	0.5946
SVM	0.5205	0.5607	0.4858	0.8803	0.9481	0.8215
多層パーセプトロン	0.5834	0.6451	0.5325	0.6058	0.6653	0.5561
DNN (3 層)	0.5223	0.6510	0.4361	0.5498	0.6836	0.4598
DNN (4 層)	0.5674	0.6082	0.5318	0.5891	0.6350	0.5494
DNN (5 層)	0.5596	0.6138	0.5142	0.5788	0.6339	0.5326
ランダムフォレスト	0.5486	0.6404	0.4799	0.9985	1.0000	0.9969
ブースティング木	0.6017	0.6311	0.5749	0.6698	0.7117	0.6325

全モデル中5番目であるが,再現率が全モデル中2番目によいスコアとなっている.これは,モデルが Yes と予測したデータに対して,実際に Yes であるものの割合は低いが,実際に Yes であるデータに対してモデルが Yes と予測した割合は高いことを示している.

マーケティングの実務において,本節の例のような2値分類の問題に対して,ロジスティック回帰が広く利用されているものと思われる.しかしながら,表4.5から明らかなように,比較に用いた8つの機械学習モデルのすべてがロジスティック回帰モデルの F1 スコアを上回っており,マーケティングの実務においても機械学習モデルの導入がモデルの精度向上に寄与する可能性を示唆している.

一方で,これらの機械学習モデルはその自由度の高さからブラックボックス化しやすいという欠点がある.こうしたデメリットは単に高い予測精度のみを求める場合には問題とならないが,商品購入の有無に影響を与える要因の分析に重点が置かれる場合や,モデルの推定結果について顧客に説明する必要がある場合などに十分な注意を要する.

4.2 財務データから企業の倒産を予測 —信用リスクモデル—

本節では金融分野での代表的な事例として,企業の信用リスクモデルの例を示す.一般に,金融商品の発行体や企業などが債務を履行できなくなる状態をデフォルト(債務不履行)と呼ぶ.デフォルトが発生すると,債権保有者は将来受け取るはずだった金額の一部または全額を受け取ることができなくなり,損失を被ることとなる.銀行や生命保険,商社など,取引先に対する与信を行っている企業に

とって，こうしたリスク(信用リスク)を適切に評価し，貸出時にリスクに応じた
上乗せ金利(リスクプレミアム)を設定することは，経営上きわめて重要となる．

　通常，大手の銀行などでは，社内で内部格付モデルと呼ばれる定量モデルを構
築し，貸出時の審査業務などで活用している．一般的な内部格付モデルとして，
ある時点での財務データを入力値とし，その時点から一定期間経過後のデフォル
トの有無を推定するようなものが挙げられる*12)．山下ら[37]はこうしたアプロー
チを統計的アプローチと呼び，代表的なモデルとして判別分析，ロジットモデル，
ハザードモデルを挙げている．各行が実際に使用している内部格付モデルについ
ては非公開情報のため，その詳細を知ることはできないものの，多くの銀行では
上記のようなモデルが使用されているものと思われる．

　一方で，業務のIT化の進展に伴い，各行では取引先企業の財務データやデフォ
ルト履歴などの膨大なデータの蓄積が進んでいる．昨今のFinTechブームのもと，
こうした大規模なデータに対して機械学習などの手法を応用することで，より精
度の高い内部格付モデルの構築が期待されている*13)．

　本節ではこうしたモデリングの一例として，Zikeba et al.[39]によるポーランド
企業の財務データを用いた分析例を示す．同論文では2007〜2013年までのポー
ランド企業の財務データを説明変数として，ブースティング木を含む16個のク
ラス分類モデルを用い，1〜5年後のデフォルトの有無を推定している．次節以降
では4.1節と同様にロジスティック回帰，決定木，SVM，ランダムフォレスト，
ブースティング木，多層パーセプトロン，3〜5層のDNNの9モデルを用いて，
1〜5年のデータそれぞれに対する精度を比較する．

4.2.1　データの準備

　元データは4.1節と同様に，UCI Machine Learning Repository[5]から取得でき
る．同リポジトリから取得できる財務データはすべて製造業のものであり*14)，財
務データの時点は，デフォルトした企業については2007〜2013年，非デフォル
ト企業については2000〜2012年にかけて公表された財務データを使用している．

---

*12)　内部格付モデルの詳細については室町[36]を参照されたい．
*13)　Heaton et al.[38]でもディープラーニングの応用が期待される分野として，こうした信用リスクモ
　　　デルを挙げている．
*14)　原論文[39]では製造業を分析対象セクターに選択した理由として，2004年以降にポーランドで製造
　　　業のデフォルトが多く発生したことを挙げている．

表 4.6 財務指標

変数	計算式	変数	計算式
X1	純利益 / 総資産	X33	営業費用 / 短期借入
X2	総負債 / 総資産	X34	営業費用 / 総負債
X3	運転資本 / 総資産	X35	売上総利益 / 総資産
X4	流動資産 / 流動負債	X36	売上 / 総資産
X5	((現金 + 短期貸付金 + 売掛金 − 短期借入金) / (営業費用 − 減価償却費)) * 365	X37	(流動資産 − 棚卸資産) / 長期借入
X6	内部留保 / 総資産	X38	固定資本 / 総資産
X7	EBIT / 総資産	X39	売上総利益 / 売上
X8	自己資本簿価 / 総負債	X40	(流動資産 − 棚卸資産 − 売掛金) / 短期借入
X9	売上 / 総資産	X41	総負債 / ((営業利益 + 減価償却費) * (12/365))
X10	自己資本 / 総資産	X42	営業利益 / 売上
X11	(売上総利益 + 特別損益 + 金融費用) / 総資産	X43	売掛金回転日数 + 在庫回転日数
X12	売上総利益 / 流動負債	X44	(売掛金 * 365) / 売上
X13	(売上総利益 + 減価償却費) / 売上	X45	純利益 / 棚卸資産
X14	(売上総利益 + 支払利息) / 総資産	X46	(流動資産 − 棚卸資産) / 短期借入
X15	(総負債 * 365) / (売上総利益 + 減価償却費)	X47	(棚卸資産 * 365) / 売上原価
X16	(売上総利益 + 減価償却費) / 総負債	X48	EBITDA / 総資産
X17	総資産 / 総負債	X49	EBITDA / 売上
X18	売上総利益 / 総資産	X50	流動資産 / 総負債
X19	売上総利益 / 売上	X51	短期借入 / 総資産
X20	(棚卸資産 * 365) / 売上	X52	(短期借入 * 365) / 売上原価
X21	売上 (当期) / 売上 (前期)	X53	自己資本 / 固定資本
X22	営業利益 / 総資産	X54	固定資本 / 固定資産
X23	純利益 / 売上	X55	運転資本
X24	売上総利益 (3 年以内) / 総資産	X56	(売上 − 売上原価) / 売上
X25	(自己資本 − 株式資本) / 総資産	X57	(流動資産 − 棚卸資産 − 短期借入) / (売上 − 売上総利益 − 減価償却費)
X26	(純利益 + 減価償却費) / 総負債	X58	総費用 / 売上
X27	営業利益 / 金融費用	X59	長期借入 / 自己資本
X28	運転資本 / 固定資産	X60	売上 / 棚卸資産
X29	総資産 (対数)	X61	売上 / 売掛金
X30	(総負債 − 現金) / 売上	X62	(短期借入 *365) / 売上
X31	(売上総利益 + 支払利息) / 売上	X63	売上 / 短期借入
X32	(流動負債 * 365) / 売上原価	X64	売上 / 固定資産

　同リポジトリには年限ごとに 5 つの csv ファイル (1year.csv〜5year.csv) が公開されており，それぞれ表 4.7 の通り 1〜5 年以内にデフォルトした企業と，生存した企業の財務データが含まれている．説明変数として表 4.6 に示した 64 項目の財務指標を用いる．

　実際にこうした分析を行う場合は，説明変数となる財務データをいかに選択するかが重要となる．本節の分析で用いたデータはすでに変数選択が行われた後のデータであるため，以降の分析では 64 項目すべてのデータを入力値として用いた．なお，原論文[39]で用いられた財務データ選択方法については，彼らの関連研

4.2　財務データから企業の倒産を予測　—信用リスクモデル—　　　*91*

表 **4.7**　データセットの概要

ファイル名	データ数	倒産した企業数	推定対象
1year.csv	7027	271	5 年以内のデフォルト
2year.csv	9773	400	4 年以内のデフォルト
3year.csv	10008	495	3 年以内のデフォルト
4year.csv	9277	515	2 年以内のデフォルト
5year.csv	5500	410	1 年以内のデフォルト

究[40~42] を参照されたい．各年限の被説明変数の分布は表 4.7 の通りで，4.1 節と
同様に分布に偏りがあることが確認できる．

　本節の分析対象データは，被説明変数を除きすべて連続値をとるデータである
ため，平均値による欠損値の補完と標準化のみを行った．ソースコード 4.3 は 1
年目のデータ (1year.csv) を加工し，検証データと訓練データへ分割して分析用
の HDF ファイル (data.h5) へ保存するプログラムである．

ソースコード **4.3**　Python3.5 データの加工

```python
# 必要なパッケージをインポート
import pandas as pd
from sklearn.cross_validation import train_test_split
from sklearn.preprocessing import StandardScaler

# csvファイルの読み込み
df1 = pd.read_csv('1year.csv')

# 文字列のデータを欠損値に変換
for t in df1.columns:
    df1[t] = list(dropString(df1[t]))

# 欠損値を平均で補間
df1 = df1.fillna(df1.mean())

# 標準化
stdc = StandardScaler()
_df1 = df1.drop('class', axis=1)
data1 = pd.DataFrame(stdc.fit_transform(_df1), columns=_df1.
    columns)
data1 = pd.concat([data1, df1['class']], axis=1)

# 検証データと訓練データに分割
X1, Y1 = data1.drop('class', axis=1).values, data1['class'].values
X1_train, X1_test, Y1_train, Y1_test = train_test_split(X1, Y1,
    test_size=0.3)

# DataFrameへ変換し，HDF形式で保存
data1_train = pd.DataFrame(X1_train, columns= data1.columns.drop('
    class'))
data1_train['class'] = Y1_train
```

```
29
30    data1_test = pd.DataFrame(X1_test, columns= data1.columns.drop('
          class'))
31    data1_test['class'] = Y1_test
32
33    data1_train.to_hdf('data.h5', key='data1_train')
34    data1_test.to_hdf('data.h5', key='data1_test')
```

4.2.2 AUC スコア

本分析ではモデルの評価基準として，AUC (area under the curve) スコアを用いる[*15]．AUC スコアは ROC (receiver operating characteristic) 曲線の下側の面積によって表される．ROC 曲線は，図 4.6 のように，TPR (true positive rate) を y 軸に，FPR (false positive rate) を x 軸にプロットしたものである．TPR と FPR は表 4.3 の各要素を用いて，

$$\text{TPR} = \frac{\text{TP}}{\text{TP} + \text{FN}} \tag{4.4}$$

$$\text{FPR} = \frac{\text{FP}}{\text{TN} + \text{FP}} \tag{4.5}$$

となる[*16]．

2 値分類問題は，連続値をとる確率変数 X[*17] に対し，閾値 T により Yes または No と判定するものと考えることができる．すなわち，$X > T$ であれば Yes，$X \le T$ であれば No と判定される．確率変数 X は実際の値が Yes であるとき密度関数 $f_1(x)$ に，No であるとき密度関数 $f_0(x)$ に従うとする．このとき，TPR と FPR は閾値 T を用いて

$$\text{TPR}(T) = \int_T^\infty f_1(x)dx \tag{4.6}$$

$$\text{FPR}(T) = \int_T^\infty f_0(x)dx \tag{4.7}$$

と表される．実データから ROC 曲線を作成する場合は，モデルによる推定確率に対し，閾値 T を $[0,1]$ の区間で動かしながら (4.4) 式および (4.5) 式により求めた TPR と FPR をプロットすることで，図 4.6 のような図を作成することができ

[*15] 本節の分析は 2 値分類であるが，AUC スコアは多クラス分類モデルでも利用可能である．4.1.2 項で解説した F1 スコアと比較すると，ロジスティック回帰のように推定値が確率として出力されるモデルにおいて，AUC スコアは各ラベルの閾値を最適化する必要がないというメリットがある．

[*16] (4.2) 式から明らかなように，TPR = Recall である．

[*17] モデルによる推定確率がこれに相当する．

4.2 財務データから企業の倒産を予測 —信用リスクモデル—

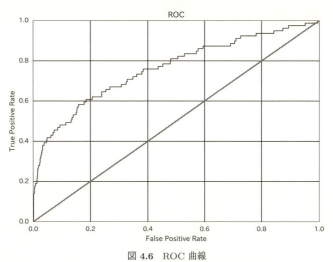

図 4.6 ROC 曲線

る.scikit-learn はこうしたスコアなどを算出する機能が実装されている.

ソースコード 4.4 は scikit-learn の roc_auc_score モジュールおよび roc_curve モジュールを用いて AUC スコアを算出し,ROC 曲線を表示するためのプログラムである.

ソースコード 4.4　Python3.5 ROC 曲線の表示

```
1   # 必要なパッケージをインポート
2   import pandas as pd
3   import numpy as np
4   from sklearn.externals import joblib
5   from sklearn.metrics import roc_auc_score, roc_curve
6   import matplotlib.pyplot as plt
7
8   # データをロード
9   df1 = pd.read_hdf('data.h5', key='data1_test', mode='r')
10  X1, Y1 = np.array(df1.drop('class', axis=1)), np.array(df1['class'
        ])
11
12  # モデルをロード
13  lr1 = joblib.load('lr1.pkl')
14
15  # AUCスコアを表示
16  auc1 = roc_auc_score(Y1, lr1.predict_proba(X1)[:,1])
17  print(auc1)
18
19  # ROC曲線用のデータを生成
20  lr_f, lr_t, _ = roc_curve(Y1, lr1.predict_proba(X1)[:, 1])
21
22  # ROC曲線を表示
```

```
23    plt.plot(lr_f, lr_t,lw=1, linestyle='-')
24    plt.plot([0, 1], [0, 1], lw=2)
25    plt.xlim([0.0, 1.0])
26    plt.ylim([0.0, 1.0])
27    plt.xlabel('False Positive Rate')
28    plt.ylabel('True Positive Rate')
29    plt.title('ROC')
30    plt.legend(loc="lower right", fontsize=8, frameon=True)
31    plt.show()
```

4.2.3 モデルの比較

4.1 節と同様に，1〜5 年の各データに対し，ロジスティック回帰，決定木，SVM，多層パーセプトロン，DNN (3〜5 層)，ランダムフォレスト，ブースティング木の 9 モデルを用いて，それぞれの性能評価を行う．まず，ソースコード 4.3 の通り元データをランダムに 7 : 3 で分割し，それぞれを訓練データおよび検証データとする．その後，訓練データで各モデルのパラメータを推定し，それらの検証データに対するスコアを算出する *18)．各モデルのハイパーパラメータについては訓練データに対して $k = 3$ の交差検証を用いたグリッドサーチを行うことで決定した *19)．

分析結果は表 4.8〜4.12 および図 4.7〜4.11 の通りである．すべての年限において，ブースティング木が検証データに対して最もよい精度となった．また，3〜5 層の DNN についてもブースティング木やランダムフォレストに次いでよい精度となっていることがわかる．これは，4.1 節と比較して，元データの入力の次元数が高いことが影響していると思われる．

また，ロジスティック回帰と比較すると，図 4.7〜図 4.11 からも明らかなように，他の 8 モデルすべてで精度が大きく改善していることがわかる．銀行などの実務において内部格付モデルを構築する際には，ロジスティック回帰が広く使われているものと推察されるが，本節の分析結果はそうした内部格付モデルとして機械学習モデルを選択することが，モデルの精度向上に寄与することを示唆している．一方で，室町[36] でも言及されている通り，内部格付モデルの構造は銀行の営業担当者などの一般ユーザーにとってわかりやすいものになっている必要があ

---

*18) 4.1 節と同じく，本節の分析でも同様のホールドアウト法を用いる．
*19) 4.1 節と同様に 3〜5 層の DNN の隠れ層次元やドロップアウト率などのハイパーパラメータについては事前に適当に決定した値を使用している．

る．加えて機械学習は，通常の線形モデルと比較するとブラックボックス化しやすいといわれており，これらのモデルを実際に内部格付モデルとして採用するにあたっては，こうしたハードルをクリアすることが課題となる．

表 4.8　検証結果 (1 年目)

モデル	AUC 検証データ	AUC 訓練データ	ハイパーパラメータ
ロジスティック回帰	0.7505	0.7988	正則化：L2，$C = 1000$
決定木	0.8359	0.9857	Criterion：エントロピー，最大の深さ：8
SVM	0.8397	0.9218	$C = 100$，$\gamma = 0.1$
多層パーセプトロン	0.8781	0.9540	活性化：ReLU，隠れ層次元：56
DNN (3 層)	0.8994	0.9560	活性化：ReLU，隠れ層次元：64，L2 正則化，ドロップアウト：0.5〜0.8
DNN (4 層)	0.9077	0.9513	活性化：ReLU，隠れ層次元：64，L2 正則化，ドロップアウト：0.5〜0.8
DNN (5 層)	0.9062	0.9560	活性化：ReLU，隠れ層次元：64，L2 正則化，ドロップアウト：0.5〜0.8
ランダムフォレスト	0.9160	1.0000	Estimator の数=1000，最大の深さ=16
ブースティング木	0.9393	1.0000	学習率=0.2，min child weight= 0.5，Estimator の数=30，最大の深さ=16

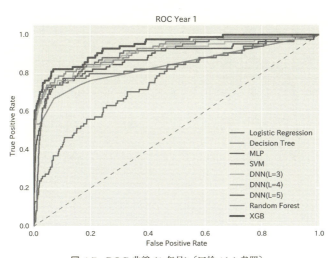

図 4.7　ROC 曲線 (1 年目)〔口絵 1(a) 参照〕

表 4.9 検証結果 (2 年目)

モデル	AUC 検証データ	AUC 訓練データ	ハイパーパラメータ
ロジスティック回帰	0.7503	0.7890	正則化：L2, $C = 1000$
決定木	0.7750	0.9866	Criterion：エントロピー，最大の深さ：8
SVM	0.8019	0.9266	$C = 100$, $\gamma = 0.1$
多層パーセプトロン	0.7760	0.8971	活性化：ReLU，隠れ層次元：56
DNN (3 層)	0.9056	0.9558	活性化：ReLU，隠れ層次元：64, L2 正則化，ドロップアウト：0.5〜0.8
DNN (4 層)	0.9006	0.9573	活性化：ReLU，隠れ層次元：64, L2 正則化，ドロップアウト：0.5〜0.8
DNN (5 層)	0.8969	0.9570	活性化：ReLU，隠れ層次元：64, L2 正則化，ドロップアウト：0.5〜0.8
ランダムフォレスト	0.8887	1.0000	Estimator の数=1000，最大の深さ=None
ブースティング木	0.9110	1.0000	学習率=0.2，min child weight= 0.5，Estimator の数=30，最大の深さ=8

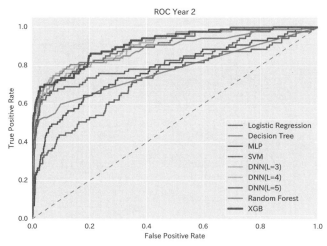

図 4.8 ROC 曲線 (2 年目)〔口絵 1(b) 参照〕

表 4.10 検証結果 (3 年目)

モデル	AUC 検証データ	AUC 訓練データ	ハイパーパラメータ
ロジスティック回帰	0.7637	0.7844	正則化：L2, $C = 1000$
決定木	0.8403	0.9852	Criterion：エントロピー，最大の深さ：8
SVM	0.8330	0.9280	$C = 1000$, $\gamma = 0.1$
多層パーセプトロン	0.8764	0.9524	活性化：ReLU，隠れ層次元：48
DNN (3 層)	0.9000	0.9534	活性化：ReLU，隠れ層次元：64，L2 正則化，ドロップアウト：0.5〜0.8
DNN (4 層)	0.8824	0.9488	活性化：ReLU，隠れ層次元：64，L2 正則化，ドロップアウト：0.5〜0.8
DNN (5 層)	0.8975	0.9489	活性化：ReLU，隠れ層次元：64，L2 正則化，ドロップアウト：0.5〜0.8
ランダムフォレスト	0.9280	1.0000	Estimator の数=1000, 最大の深さ=64
ブースティング木	0.9558	1.0000	学習率=0.2, min child weight= 0.75, Estimator の数=30, 最大の深さ=8

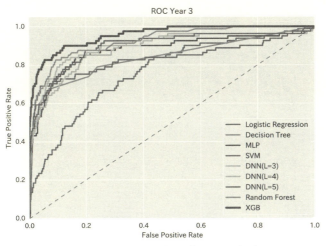

図 4.9 ROC 曲線 (3 年目) 〔口絵 1(c) 参照〕

表 4.11 検証結果 (4 年目)

モデル	AUC 検証データ	AUC 訓練データ	ハイパーパラメータ
ロジスティック回帰	0.7698	0.8041	正則化：L2，$C = 1000$
決定木	0.8553	0.9893	Criterion：エントロピー，最大の深さ：8
SVM	0.8626	0.9625	$C = 10000$，$\gamma = 0.1$
多層パーセプトロン	0.8774	0.9518	活性化：ReLU，隠れ層次元：48
DNN (3 層)	0.8981	0.9503	活性化：ReLU，隠れ層次元：64，L2 正則化，ドロップアウト：0.5〜0.8
DNN (4 層)	0.8921	0.9528	活性化：ReLU，隠れ層次元：64，L2 正則化，ドロップアウト：0.5〜0.8
DNN (5 層)	0.9026	0.9559	活性化：ReLU，隠れ層次元：64，L2 正則化，ドロップアウト：0.5〜0.8
ランダムフォレスト	0.8837	0.9974	Estimator の数=1000，最大の深さ=8
ブースティング木	0.9218	1.0000	学習率=0.2，min child weight= 1.0，Estimator の数=30，最大の深さ=8

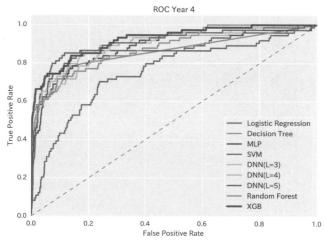

図 4.10　ROC 曲線 (4 年目)〔口絵 1(d) 参照〕

4.2 財務データから企業の倒産を予測 —信用リスクモデル—

表 4.12 検証結果 (5 年目)

モデル	AUC 検証データ	AUC 訓練データ	ハイパーパラメータ
ロジスティック回帰	0.7618	0.8087	正則化：L2, $C = 1000$
決定木	0.8400	0.9819	Criterion：エントロピー，最大の深さ：8
SVM	0.7975	0.9131	$C = 10000$, $\gamma = 0.01$
多層パーセプトロン	0.8817	0.9712	活性化：ReLU，隠れ層次元：56
DNN (3 層)	0.8766	0.9469	活性化：ReLU，隠れ層次元：64, L2 正則化，ドロップアウト：0.5〜0.8
DNN (4 層)	0.8849	0.9518	活性化：ReLU，隠れ層次元：64, L2 正則化，ドロップアウト：0.5〜0.8
DNN (5 層)	0.8784	0.9565	活性化：ReLU，隠れ層次元：64, L2 正則化，ドロップアウト：0.5〜0.8
ランダムフォレスト	0.8987	1.0000	Estimator の数=1000，最大の深さ=24
ブースティング木	0.9183	1.0000	学習率=0.2, min child weight= 0.5, Estimator の数=30，最大の深さ=24

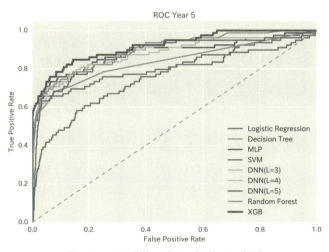

図 4.11 ROC 曲線 (5 年目) 〔口絵 1(e) 参照〕

4.3 取引データから不動産価格を予測 —不動産価格推定—

　米国を中心とする世界各国で ReTech (不動産テック) 企業への投資が活発に行われており，Property Portal Watch[43] によれば，2015 年に 192 取引，総額 17 億ドルの資金調達が確認されている．日本においても，ReTech 企業への投資は活発になりつつあり，3D 空間でインテリアの配置をシミュレーションできる HOME'S VR ゴーグル[44] などのウェブサービスや，おうちダイレクト[45] などの仲介業者を介さずに不動産売買を行うプラットフォームなど，IT を活用して不動産業務や投資の仕組みを変えるサービスを提供する企業が増えている．

　なかでも本節では，深層学習を用いた不動産評価を行うサービスを提供しているソニー不動産の不動産価格推定エンジン[46] や，人工知能を利用した不動産推定相場価格データと連動した全国不動産評価相場のウェブ査定サービスを提供するフィナンシャルドゥ社[47] に注目し，機械学習を用いた不動産価格推定モデルの構築例を示す．

　銀行の与信審査では不動産担保評価は非常に重要な役割を果たしており，機械学習モデルによる不動産担保評価を査定プロセスの一部に取り入れることで，さまざまな効果が期待される．作業の効率化はもちろんのことであるが，賃貸事例比較法[48] を採用する際に恣意的な事例採用を防止する効果も期待される．一方で，機械学習モデルによって導き出された担保評価額は査定結果に至るまでのプロセスがブラックボックス化するため，通常の鑑定評価手法やファクター分析が可能な統計モデルを使用する場合に比べ対外説明が難しくなる負の影響もある．

　不動産鑑定評価基準[49] では，不動産の価格を求める鑑定評価の基本的な手法は，原価法，取引事例比較法および収益還元法に大別され，収益還元法は，賃貸用不動産または賃貸以外の事業の用に供する不動産の価格を求める場合に特に有効であるとされている．一期間の純収益を還元利回りによって還元する直接還元法と，連続する複数の期間に発生する純収益および復帰価格を，その発生時期に応じて現在価値に割り引き，それぞれを合計する DCF (discount cash flow) 法がある．なお，還元利回りは将来の収益に影響を与える要因の変動予測と予測に伴う不確実性を含むものであり，割引率は還元利回りに含まれる変動予測と予測に伴う不確実性のうち，収益見通しにおいて考慮された連続する複数の期間に発生

する純収益や復帰価格の変動予測に係るものを除いたものである.

統計学の世界では, キャップレートモデル[50] やヘドニックアプローチ[51] などの不動産価格の評価モデルが研究されており, 金融ビジネスにおける不動産価格の将来の変動に基づくリスク評価および管理手法の高度化に貢献している.

次節以降では, 国土交通省によって提供されているウェブ API[52] の土地売買価格データと, ARES (不動産証券化協会) によって提供される J-REIT の保有不動産情報[53] から作成したデータを用いたモデル構築例をそれぞれ示す.

4.3.1 土地売買価格データ (国土交通省)

a. データの概要

元データとして国土交通省の API[52] から取得した東京都の不動産取引価格データ (期間：2011 年第 3 四半期〜2016 年第 3 四半期) を用いる. 同 API から取得できるデータ項目の一覧は表 4.13 の通りである *20). 分析の対象として, 表 4.13 の取引の種類 (Type) が中古マンションなど (Pre-owned Condominiums, etc.) となっているもののみを選択した. モデル構築にあたっては, 表 4.13 の変数から不要なものを削除し, 新たに 3 つの変数 (築年数, 人口増加率, 平米単価) を追加し

表 4.13 API から取得できるデータ項目

名称	内容	名称	内容
Type	取引の種類	TotalFloorArea	延床面積 (m²)
Region	地区	BuildingYear	建築年
MunicipalityCode	市区町村コード	Structure	建物の構造
Prefecture	都道府県名	Use	建物の用途
Municipality	市区町村名	Purpose	今後の利用目的
DistrictName	地区名	Direction	前面道路：方位
NearestStation	最寄駅：名称	Classification	前面道路：種類
TimeToNearestStation	最寄駅：距離 (分)	Breadth	前面道路：幅員 (m)
PricePerUnit	坪単価	CityPlanning	都市計画
FloorPlan	間取り	CoverageRatio	建ぺい率 (%)
Area	面積 (m²)	FloorAreaRatio	容積率 (%)
UnitPrice	取引価格 (m² 単価)	Period	取引時点
LandShape	土地の形状	Remarks	備考
Frontage	間口	TradePrice	取引価格 (総額)

---

*20) 同 API からのデータ取得方法については, シリーズ既刊[1] の第 1 章で解説している.

4. 金融データ解析への応用

表 4.14 分析に用いた項目

変数	名称 (英)	名称 (日)	値
X1	FloorPlan	間取り	カテゴリー別
X2	Structure	建物の構造	カテゴリー別
X3	Use	建物の用途	カテゴリー別
X4	CityPlanning	都市計画	カテゴリー別
X5	Age	築年数	数値
X6	CoverageRatio	建ぺい率 (%)	数値
X7	FloorAreaRatio	容積率 (%)	数値
X8	PopulationGrowth	人口増加率 (%)	数値
Y	PricePerUnitArea	平米単価	数値

たデータセット (表 4.14) を用いた [*21]。

被説明変数となる平米単価の分布を図 4.12 に示した．データの前処理として外れ値 (平米単価が 200 万円超) の除去を行っているため，平米単価は 0〜200 万円の範囲で分布している．

間取りの分布は図 4.13 の通りで，3LDK や 1K が中心となっている．建物の構造の分布は図 4.14 の通りで，ほとんどの物件が RC または SRC であることがわ

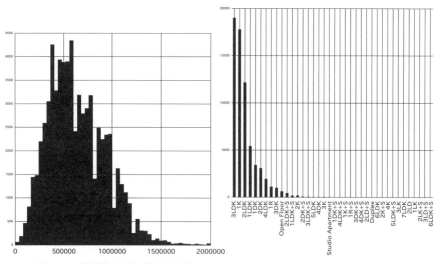

図 4.12 平米単価の分布 (被説明変数)   図 4.13 間取りの分布

[*21] 築年数については取引時点−建築年，平米単価については取引価格 (総額)/面積 (m^2) により求めた．また，地域格差を考慮するため，東京都の統計[54]から取得したデータをもとに作成した平成 28 年度の市区町村ごとの人口増加率データをファクターとして追加している．

4.3 取引データから不動産価格を予測 —不動産価格推定—

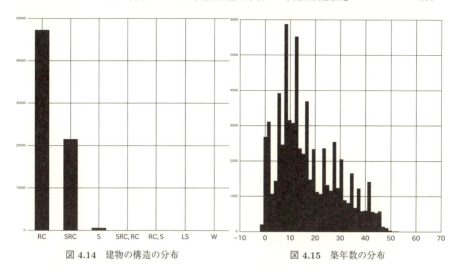

図 4.14 建物の構造の分布　　　図 4.15 築年数の分布

かる[*22]．また，築年数の分布 (図 4.15) を見ると，中古マンションのみを対象としたこともあり，10年程度の物件が中心となっているが，築 30〜40年の比較的古めの物件も相応の割合を占めていることがわかる．

b. データの加工

4.1 節と同様に，表 4.14 で値がカテゴリー別となっている変数については 0-1 変数へ，データ形式が数値となっている項目については標準化を行った．ソースコード 4.5 は API から取得したデータ (real_estate.h5) から必要な項目を抽出し，上記の処理を行うためのプログラムである．ソースコード 4.5 を実行し，最終的に 73 次元の入力値をもつ 66,542 件 (検証データ 19,963 件，訓練データ 46,579 件) のデータセットを推定に用いた．

ソースコード 4.5　Python3.5 データの加工

```
1  # 必要なパッケージをインポート
2  import pandas as pd
3  import numpy as np
4  from sklearn.cross_validation import train_test_split
5  from sklearn.preprocessing import StandardScaler
6
7  # データのロード
8  df = pd.read_hdf('real_estate.h5', key='Tokyo')
9  df = df[df["Type"] == "Pre-owned Condominiums, etc."]
10
```

[*22] RC：鉄筋コンクリート造，SRC：鉄筋鉄骨コンクリート造

```
11    # 人口増加率のデータをロード
12    Municipality = pd.read_csv('Municipality.csv')
13
14    # 必要な関数の定義
15    def dropString(d):
16      for _d in d:
17        try:
18            yield float(_d)
19        except ValueError:
20            yield np.nan
21
22    def getPricePerUnitArea(TradePrice, Area):
23        for t, a in zip(TradePrice, Area):
24            try:
25                yield float(t) / float(a)
26            except ValueError:
27                yield np.nan
28
29    def getAge(BuildingYear, Period):
30        for b, p in zip(BuildingYear, Period):
31            try:
32                yield int(str(p)[-4:]) - int(b)
33            except ValueError:
34                yield np.nan
35
36    # 新しい変数(築年数，人口増加率，平米単価)の定義
37    df['Age'] = list(getAge(df['BuildingYear'], df['Period']))
38    df['Population'] = map(list(df['Municipality']), Municipality)
39    df['PricePerUnitArea'] = list(getPricePerUnitArea(df['TradePrice'
          ], df['Area']))
40
41    # 外れ値(平米単価>200万円)を除去
42    df = df[df['PricePerUnitArea'] <= 2000000]
43
44    # 標準化と0-1変数化を行うカラム名のリストを生成
45    col_flag = ['FloorPlan', 'Structure', 'Use', 'CityPlanning']
46    col_std = ['PricePerUnitArea', 'Age', 'CoverageRatio', '
          FloorAreaRatio']
47
48    # 文字列のデータを欠損値に変換
49    for t in col_std:
50      df[t].astype(float)
51      df[t] = list(dropString(df[t]))
52
53    # 欠損値を含むデータを削除
54    df = df.dropna(subset=col_std)
55
56    # 標準化
57    stdc = StandardScaler()
58    data1 = pd.DataFrame(stdc.fit_transform(df[col_std]), columns=
          col_std)
59
60    # 0-1変数への変換
61    data2 = pd.get_dummies(df[col_flag])
```

```
62   data2.index = data1.index
63
64   # 標準化したデータと0-1変数へ変換したデータを結合
65   data = pd.concat([data1, data2], axis =1)
66
67   # 訓練データと検証データに分割
68   X, Y = data.drop('PricePerUnitArea', axis=1).values, df['
         PricePerUnitArea'].values
69   X_train, X_test, Y_train, Y_test = train_test_split(X, Y,
         test_size=0.3)
70
71   # DataFrame形式に変換
72   data_train = pd.DataFrame(X_train, columns= data.columns.drop('
         PricePerUnitArea'))
73   data_train['PricePerUnitArea'] = Y_train
74   data_test = pd.DataFrame(X_test, columns= data.columns.drop('
         PricePerUnitArea'))
75   data_test['PricePerUnitArea'] = Y_test
76
77   # HDF形式で保存
78   data.to_hdf('db.h5', key='data')
79   data_train.to_hdf('db.h5', key='train')
80   data_test.to_hdf('db.h5', key='test')
```

c. 決定係数・平均二乗誤差

本節の分析は連続値の回帰問題となるため, 4.1節とは異なり, モデルの評価基準として決定係数 (R^2) および平均二乗誤差 (MSE) を用いる. N 個の元データに対し, モデルによる予測値を $\hat{y}_i$ ($i = 1, \ldots, N$), 実際の値を y_i ($i = 1, \ldots, N$) とすると, R^2 は

$$R^2 = 1 - \frac{\sum_{i=1}^{N}(y_i - \hat{y}_i)^2}{\sum_{i=1}^{N}(y_i - \bar{y})^2} \tag{4.8}$$

となる. ただし,

$$\bar{y} = \frac{1}{N} \sum_{i=1}^{N} y_i$$

である. R^2 の最もよいスコアは 1.0 であり, モデルの精度が著しく低い場合には負の値をとりうる.

同様に, MSE は

$$\text{MSE} = \frac{1}{N} \sum_{i=1}^{N} (y_i - \hat{y}_i)^2 \tag{4.9}$$

となる. MSE は正の連続値をとり, 値が小さいほどよい精度であることを示す.

d. モデルの比較

本節では 4.1 節と同様に, 各モデルの精度の比較を行う. ただし, 前述の通り

本節の分析例は連続値の回帰問題となるため，4.1 節とは異なり，ロジスティック回帰の代わりに線形回帰，Lasso，Ridge の 3 モデルを用いる [*23)]．また，他のモデルについてもそれぞれ回帰用のクラスが実装されているため，推定にあたってはそれらを用いた．

ハイパーパラメータの決定方法については 4.1 節と同様である．各モデルのハイパーパラメータを表 4.15 に示す．ただし，Lasso および Ridge の正則化パラメータ α については 10^{-2}〜10^2 の範囲でグリッドサーチを行い，最も精度が高いものを採用した．

表 4.15　ハイパーパラメータ

モデル	ハイパーパラメータ
Lasso	$\alpha = 0.01$
Ridge	$\alpha = 1.0$
決定木	最大の深さ 9
SVM	$C = 1.0$, $\gamma = 1.0$
多層パーセプトロン	活性化：ReLU，隠れ層次元：62
DNN (3 層)	活性化：ReLU，隠れ層次元：73，L2 正則化，ドロップアウト：0.5〜0.8
DNN (4 層)	活性化：ReLU，隠れ層次元：73，L2 正則化，ドロップアウト：0.5〜0.8
DNN (5 層)	活性化：ReLU，隠れ層次元：73，L2 正則化，ドロップアウト：0.5〜0.8
ランダムフォレスト	Estimator の数=1000，最大の深さ=14
ブースティング木	学習率=0.2，Estimator の数=30，最大の深さ=8

各モデルのスコアは表 4.16 の通りである．検証データに対する精度ではランダムフォレストおよびブースティング木が最もよい結果となった．図 4.16 および図 4.17 は，検証データと訓練データそれぞれについて，各モデルの推定値と実際の値をプロットしたものであるが，これらからもランダムフォレスト (RF) およびブースティング木 (XGB) が高い精度となっていることがわかる．また，図 4.18 および図 4.19 は検証データと訓練データそれぞれについて，各モデルの金額ベースでの誤差を示したものである．最も精度の低かった線形回帰，Lasso，Ridge では検証データに対しておおむね ±50 万円程度の誤差となっているのに対し，最も精度の高かったランダムフォレスト，ブースティング木ではそれよりもやや狭いレンジの誤差となっていることがわかる．

[*23)] Lasso，Ridge の 2 モデルの詳細については本書では触れないが，それぞれ通常の線形回帰モデルに L1 正則化，L2 正則化を課したモデルと見なすことができる．詳細については scikit-learn のドキュメント[9][10] などを参照されたい．

表 4.16 決定係数・平均二乗誤差の比較

モデル	検証データ 決定係数	検証データ 平均二乗誤差	訓練データ 決定係数	訓練データ 平均二乗誤差
線形回帰	0.4907	0.5038	0.5006	0.5017
Lasso	0.4692	0.5251	0.4790	0.5234
Ridge	0.4907	0.5037	0.5005	0.5018
決定木	0.6752	0.3212	0.7084	0.2930
SVM	0.6464	0.3497	0.7172	0.2841
多層パーセプトロン	0.6367	0.3594	0.6643	0.3372
DNN (3層)	0.6392	0.3568	0.6568	0.3448
DNN (4層)	0.6517	0.3445	0.6716	0.3299
DNN (5層)	0.6117	0.3841	0.6273	0.3745
ランダムフォレスト	0.7219	0.2751	0.8161	0.1847
ブースティング木	0.7175	0.2794	0.7593	0.2418

統計学の分野で上記のような不動産の価格推定を行う場合は，線形回帰分析などの手法を用いるのが一般的であるが，本節の分析結果は機械学習などの手法を用いることにより，そうした旧来のモデルを超える精度となる可能性を示唆している．しかしながら，不動産は非常に個別性が強いため，実際の業務では統計モデルを使って担保評価をすること自体が困難である．プロセスを機械学習などの活用によりシステム化することは可能であるが，評価プロセスについてブラック

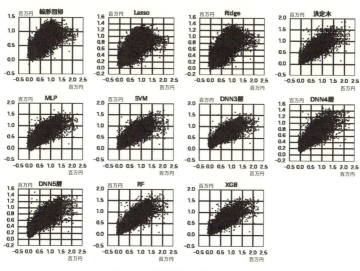

図 4.16 推定結果 (検証データ)

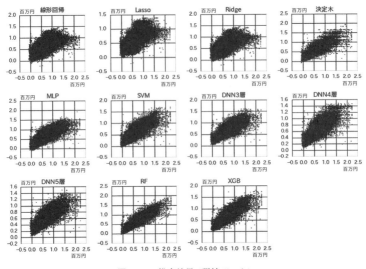

図 4.17 推定結果 (訓練データ)

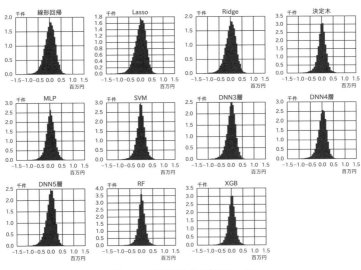

図 4.18 誤差の分布 (検証データ)

ボックス化された分析手法が受け入れられるには，一定のハードルがあると思われる．

4.3 取引データから不動産価格を予測 —不動産価格推定—

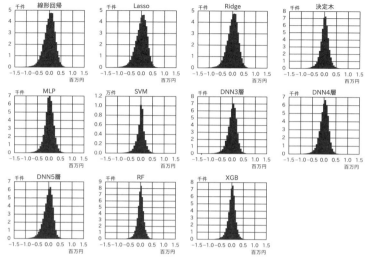

図 4.19 誤差の分布 (訓練データ)

4.3.2 J-REIT が保有する不動産情報

a. データの概要

次に，ARES によって提供される J-REIT の保有不動産情報データ[53] を用いたモデル構築例を示す．

本項の分析例では，都内5区の物件を対象に，オフィス・住居の物件タイプごと

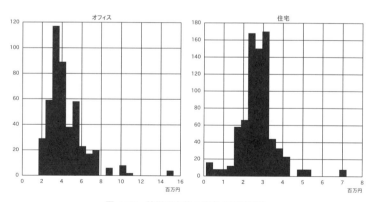

図 4.20 被説明変数の分布 (面積単価)

に，面積あたり価格[24]を被説明変数とした2つのモデルを推定する[25]．被説明変数である面積あたり価格の分布は図4.20の通りで，オフィス・住居共に300万円程度を中心に分布していることがわかる．

説明変数として表4.17に示すX1～X15を用いた．説明変数のうち，特徴的な変数の分布を図4.21～4.22に示す．図4.21を見ると，オフィスについては，築年

表 4.17　データ項目

変数	内容	値
X1	第1種住居	Yes/No
X2	第1種中高層	Yes/No
X3	第2種住居	Yes/No
X4	第2種中高層	Yes/No
X5	土地 (地積・全体敷地)	連続値
X6	建物 (全体面積・延床面積)	連続値
X7	築年数	連続値
X8	土地 (借地権)	Yes/No
X9	建物 (区分所有)	Yes/No
X10	調査時点	カテゴリー別
X11	期末賃貸可能面積	連続値
X12	期末稼働率	連続値
X13	賃貸事業収入	連続値
X14	その他賃貸事業収入	連続値
X15	費用率	連続値
Y	面積あたり価格	連続値

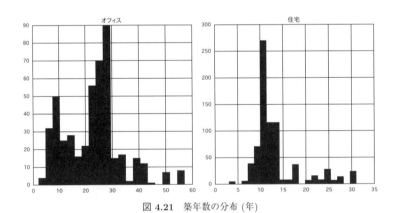

図 4.21　築年数の分布 (年)

---

[24] 鑑定評価額を延床面積で除した値．土地建物一体の価格を延床面積で割って計算している．
[25] 物件タイプ属性と地域属性に係るものは省くことを意味する．

4.3 取引データから不動産価格を予測 —不動産価格推定— 111

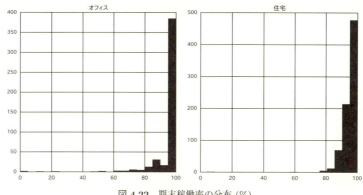

図 4.22 期末稼働率の分布 (%)

数が 10 年以上 30 年未満が多い一方で，住居は 10 年前後が多い．また，図 4.22 が示す通り，J-REIT が保有する不動産の稼働状況は総じて好稼働であることがわかる．分析にあたって，4.3.1 項と同様に，表 4.17 でデータ形式がカテゴリー別となっている項目については 0-1 変数へ，値が数値となっている項目については標準化を行った．

b. モデルの比較

本項ではオフィス・住宅それぞれについて，4.3.1 項と同様に各モデルの精度の比較を行う．オフィス・住宅それぞれのモデルのハイパーパラメータを表 4.18～4.20 に示す．なお，ハイパーパラメータの決定方法については 4.3.1 項と同様である．各モデルの検証データ・訓練データそれぞれに対する決定係数・平均二乗誤差の比較は表 4.19，表 4.21 の通りである．オフィスでは決定木が最も優れた結果を示しており，住居ではブースティング木が最も優れた結果となった．図 4.23～4.26 に検証データと訓練データそれぞれについて，各モデルの推定値と実際の値をプロットした散布図を示した．これらの散布図からも上記の結果が確認できる．また，図 4.27～4.30 は検証データと訓練データそれぞれについて，各モデルの金額ベースでの誤差を示したものである．精度の低かった線形回帰，Lasso，Ridge では検証データに対してオフィスが ±300 万円程度，住居が ±200 万円程度の誤差となっているのに対し，精度の高かった決定木，ブースティング木ではそれぞれオフィスが ±200 万円程度，住居が ±50 万円程度の誤差となっていることがわかる．

J-REIT が取得する物件は，個別性はあるものの，建物のスペックが一定以上高

く，似た物件間の面積単価に差が出にくいことが全体的に決定係数を高める結果につながったものと思われる．

表 4.18 ハイパーパラメータ (オフィス)

モデル	ハイパーパラメータ
Lasso	$\alpha = 0.01$
Ridge	$\alpha = 10.0$
決定木	最大の深さ 9
SVM	$C = 100$, $\gamma = 0.1$
多層パーセプトロン	活性化：tanh，隠れ層次元：11
DNN (3 層)	活性化：ReLU，隠れ層次元：15，L2 正則化，ドロップアウト：0.5〜0.8
DNN (4 層)	活性化：ReLU，隠れ層次元：15，L2 正則化，ドロップアウト：0.5〜0.8
DNN (5 層)	活性化：ReLU，隠れ層次元：15，L2 正則化，ドロップアウト：0.5〜0.8
ランダムフォレスト	Estimator の数=1000，最大の深さ=15
ブースティング木	学習率=0.2，Estimator の数=10，最大の深さ=9

表 4.19 決定係数・平均二乗誤差の比較 (オフィス)

モデル	検証データ 決定係数	検証データ 平均二乗誤差	訓練データ 決定係数	訓練データ 平均二乗誤差
線形回帰	0.2909	0.5895	0.3621	0.6825
Lasso	0.2579	0.6170	0.3394	0.7068
Ridge	0.2631	0.6126	0.3397	0.7064
決定木	0.9331	0.0556	0.9862	0.0148
SVM	0.7761	0.1861	0.9426	0.0614
多層パーセプトロン	0.5717	0.3561	0.8062	0.2073
DNN (3 層)	0.8102	0.1578	0.9353	0.0692
DNN (4 層)	0.7937	0.1715	0.9316	0.0732
DNN (5 層)	0.7886	0.1758	0.9266	0.0785
ランダムフォレスト	0.8790	0.1006	0.9844	0.0167
ブースティング木	0.9301	0.0581	0.9656	0.0368

表 4.20 ハイパーパラメータ (住宅)

モデル	ハイパーパラメータ
Lasso	$\alpha = 0.01$
Ridge	$\alpha = 0.01$
決定木	最大の深さ 12
SVM	$C = 100$, $\gamma = 0.1$
多層パーセプトロン	活性化：tanh，隠れ層次元：13
DNN (3 層)	活性化：ReLU，隠れ層次元：15，L2 正則化，ドロップアウト：0.5〜0.8
DNN (4 層)	活性化：ReLU，隠れ層次元：15，L2 正則化，ドロップアウト：0.5〜0.8
DNN (5 層)	活性化：ReLU，隠れ層次元：15，L2 正則化，ドロップアウト：0.5〜0.8
ランダムフォレスト	Estimator の数=10000，最大の深さ=None
ブースティング木	学習率=0.2，Estimator の数=30，最大の深さ=9

4.3 取引データから不動産価格を予測 —不動産価格推定—

表 4.21 決定係数・平均二乗誤差の比較 (住宅)

モデル	検証データ 決定係数	平均二乗誤差	訓練データ 決定係数	平均二乗誤差
線形回帰	-0.0079	0.8484	0.3892	0.6511
Lasso	0.1451	0.7197	0.1461	0.9102
Ridge	0.0312	0.8155	0.3880	0.6523
決定木	0.8322	0.1412	0.9836	0.0175
SVM	0.5397	0.3875	0.8758	0.1324
多層パーセプトロン	0.4956	0.4246	0.7755	0.2393
DNN (3 層)	0.8615	0.1166	0.9263	0.0785
DNN (4 層)	0.8326	0.1409	0.9252	0.0797
DNN (5 層)	0.8243	0.1479	0.9391	0.0649
ランダムフォレスト	0.9346	0.0550	0.9943	0.0061
ブースティング木	0.9572	0.0360	0.9990	0.0010

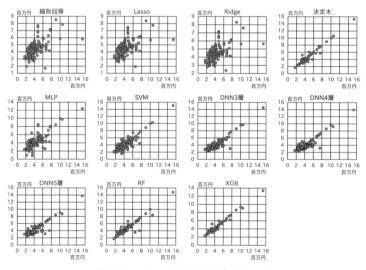

図 4.23 オフィス推定結果 (検証データ)

114   4. 金融データ解析への応用

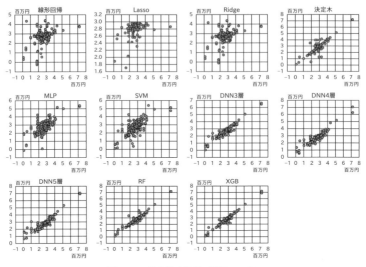

図 4.24 住宅推定結果 (検証データ)

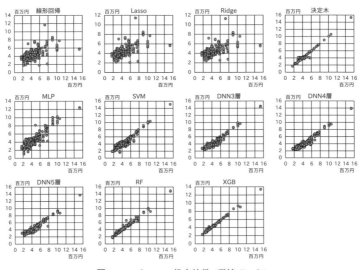

図 4.25 オフィス推定結果 (訓練データ)

4.3 取引データから不動産価格を予測 —不動産価格推定— 115

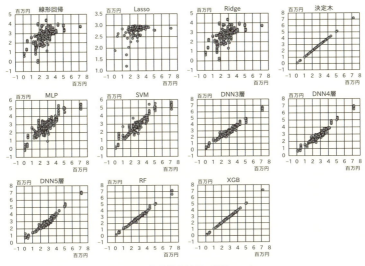

図 4.26 住宅推定結果 (訓練データ)

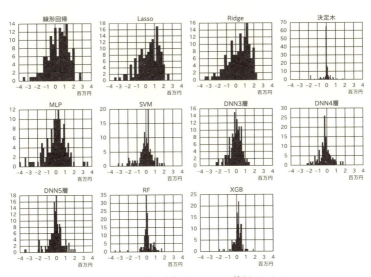

図 4.27 誤差の分布 (オフィス・検証データ)

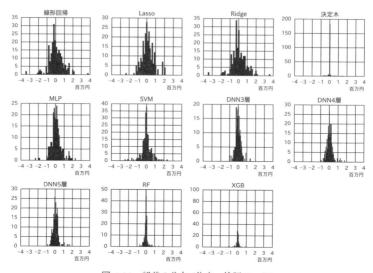

図 4.28 誤差の分布 (住宅・検証データ)

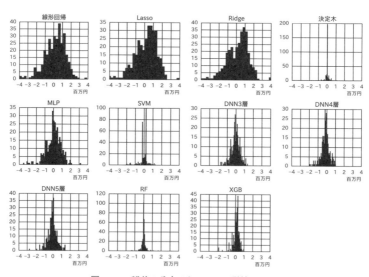

図 4.29 誤差の分布 (オフィス・訓練データ)

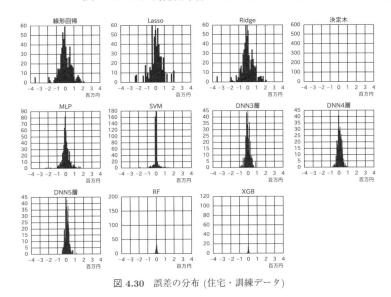

図 4.30 誤差の分布 (住宅・訓練データ)

4.4 ニュースから株価を予測 —テキストマイニング—

テキストマイニングによる市場予測は，近年最も注目を集めているテーマの1つである．銀行や証券会社などの金融機関では，顧客とのデリバティブ取引のヘッジや，自己勘定取引により収益を上げることを目的として，社内にトレーディングデスクを設置している．こうしたデスクでは，各トレーダーは経済指標などの数値データに加え，各社から配信されるニュースやレポートなどのテキストデータをもとに，日々の取引判断を行っている．経済指標などの数値データをもとに，コンピュータが機械的に取引を行う手法(アルゴリズムトレード)はすでに市民権を得たような印象を受けるが，ニュースやレポートなどの文章の曖昧な表現の解釈には依然として人間の力が不可欠というのが一昔前までのコンセンサスであったように思われる．しかしながら，近年の人工知能ブームのもとで，こうしたテキストデータの意味合いを機械的に解釈し，市場や経済予測に応用する試みがなされるようになっている．

ニュースから資産価格の変動を予測しようとする試み自体は古くから行われており，Cutler et al.[55]，Roll[56] および Berry and Howe[57] では，日々配信されるニュー

スがどの程度株式価格変動を説明できるかを分析している．また，Tetlock[58] では，ウォールストリートジャーナルのコラムからニュース指標を作成し，同指標が株式市場のセンチメントを表す指標となることを示している．日本語のデータを用いた研究として，沖本・平澤[59] では日経ニュースをもとにニュース指標を作成し，Tetlock[58] と同様の方法で分析を行った結果，翌営業日の株式リターンと出来高に対して，有意な説明力をもつことを示している．

ディープラーニングを用いた先行研究として，山本・松尾[60] では，内閣府が公表している景気ウォッチャー調査を訓練データとしてモデルを推定し，政府や日銀が発行する月次レポートのセンチメントを推定し，指数化している *26)．五島ら[62] では山本・松尾[60] と同様のデータから，第5章で解説する CNN を用いてモデルを推定し，日々配信されている経済ニュースからデイリーの指数を構築している．

本節では，上記のディープラーニングを用いた方法と比較するとやや古典的な方法ではあるが，文章中の単語の出現頻度をベースにした簡単な分析例を示す．

4.4.1 データの準備

元データとして，Aaron Jiahao Sun 氏によって公開されているデータセット[63] を用いる．同データセットには2008年6月8日～2016年7月1日のダウ・ジョーンズ工業株価平均 (DJIA_table.csv) と，2008年8月8日～2016年7月1日の Reddit World News Channel[64] のニュースヘッドライン (RedditNews.csv) が含まれている．Reddit World News Channel ではユーザーの投票により日々のニュースがランクづけされており，本節の分析例では各営業日の上位25ニュースのヘッドラインをモデルの入力値として採用する．

データ加工の最初のステップとして，まず被説明変数となる株価指数データの加工を行う．本分析では，ダウ・ジョーンズ工業株価平均の日次の修正済み引け値 (修正後終値，Adj Close) の日次変化率を，表4.22 の通り3つのクラスに分類する．ダウ・ジョーンズ工業株価平均の日次変化率の分布は図4.31 の通りである．分類後の各ラベルのデータの個数は表4.22 の通りで，4.1節および4.2節と同様に，各ラベルのデータ数に偏りがあることがわかる．そのため，モデル精度の検

---

*26)　同手法により得られた指数は野村 AI 景況感指数[61] として公開されている．

朝倉書店〈経営・数理・経済工学関連書〉ご案内

時系列分析ハンドブック

T.S.ラオ他編　北川源四郎・田中勝人・川﨑能典監訳
A5判　788頁　定価（本体18000円＋税）（12211-4）

"Time Series Analysis : Methods and Applications" (Handbook of Statistics 30, Elsevier) の全訳。時系列分析の様々な理論的側面を23の章によりレビューするハンドブック。〔内容〕ブートストラップ法／線形性検定／非線形時系列／マルコフスイッチング／頑健推定／関数時系列／共分散行列推定／分位点回帰／生物統計への応用／計数時系列／非定常時系列／時空間時系列／連続時間時系列／スペクトル法・ウェーブレット法／Rによる時系列分析／他

モンテカルロ法ハンドブック

伏見正則・逆瀬川浩孝監訳
A5判　804頁　定価（本体18000円＋税）（28005-0）

最新のトピック，技術，および実世界の応用を探るMC法を包括的に扱い，MATLABを用いて実践的に詳解〔内容〕一様乱数生成／準乱数生成／非一様乱数生成／確率分布／確率過程生成／マルコフ連鎖モンテカルロ法／離散事象シミュレーション／シミュレーション結果の統計解析／分散減少法／稀少事象のシミュレーション／微分係数の推定／確率的最適化／クロスエントロピー法／粒子分割法／金融工学への応用／ネットワーク信頼性への応用／微分方程式への応用／付録：数学基礎

経済時系列分析ハンドブック

刈屋武昭・前川功一・矢島美寛・福地純一郎・川崎能典編
A5判　788頁　定価（本体18000円＋税）（29015-8）

経済分析の最前線に立つ実務家・研究者へ向けて主要な時系列分析手法を俯瞰。実データへの適用を重視した実践志向のハンドブック。〔内容〕時系列分析基礎（確率過程・ARIMA・VAR他）／回帰分析基礎／シミュレーション／金融経済財務データ（季節調整他）／ベイズ統計とMCMC／資産収益率モデル（酔歩・高頻度データ他）／資産価格モデル／リスクマネジメント／ミクロ時系列分析（マーケティング・環境・パネルデータ）／マクロ時系列分析（景気・為替他）／他

ベイズ計量経済学ハンドブック

照井伸彦監訳
A5判　564頁　定価（本体12000円＋税）（29019-6）

いまやベイズ計量経済学は，計量経済理論だけでなく実証分析にまで広範に拡大しており，本書は教科書で身に付けた知識を研究領域に適用しようとするとき役立つよう企図されたもの。〔内容〕処理選択のベイズ的諸側面／交換可能性，表現定理，主観性／時系列状態空間モデル／柔軟なノンパラメトリックモデル／シミュレーションとMCMC／ミクロ経済におけるベイズ分析法／ベイズマクロ計量経済学／マーケティングにおけるベイズ分析法／ファイナンスにおける分析法

ものづくりに役立つ経営工学の事典 ―180の知識―

日本経営工学会編　日本技術士会経営工学部会・日本IE協会編集協力
A5判　408頁　定価（本体8200円＋税）（27022-8）

ものづくりの歴史は，職人の技，道具による機械化，情報・知能によるシステム化・ブランド化を経て今日に至る。今後は従来の枠組みに限らない方法・視点でのものづくりが重要な意味をもつ。本書では経営工学の幅広い分野から180の知識を取り上げ，用語の説明，研究の歴史，面白い活用例を見開き2頁で解説。理解から実装まで役立つものづくりのソフト（ヒント）が満載。〔内容〕総論／人／もの／資金／情報／環境／確率・統計／IE・QC・OR／意思決定・評価／情報技術

サプライチェーンマネジメント〈全6巻〉
知識を整理し，現実の問題解決に役立つようわかりやすく解説する

1. 納期見積りと生産スケジューリング ―受注生産状況下での情報共有と連携―
黒田　充著
A5判 168頁 定価（本体3000円＋税）（27541-4）

個別生産・受注生産を対象としたSCM技術を具体的・明解に述べる。〔内容〕納期見積法／動的資材引当てを同時に行う納期見積り／顧客要求納期とメーカー理想納期／納期短縮のための製品間における中間製品の共用化／他

2. 内示情報と生産計画 ―持続可能な社会における先行需要情報の活用―
上野信行著
A5判 216頁 定価（本体3600円＋税）（27542-1）

生産内示の情報を生産活動に効果的に活用する方法と実際を解説し「内示情報の生かし方」を体系化した初の書。〔内容〕内示情報の活用／内示情報を用いた生産計画／内示情報を用いた生産計画システム／内示情報を用いた生産計画モデルの拡張

3. 生産・発注の平準化 ―SCMを成功に導くその理論的背景―
田村隆善著
A5判 144頁 定価（本体2800円＋税）（27543-8）

メーカーとサプライヤー間の連携を簡単なルールで行うことができる有力な方法の平準化につき，具体例を交えながら解説した初の書。〔内容〕JIT生産システムと平準化／混合品種組立ライン製品投入順序計画／平準化の効果／MRPと平準化

4. 企業間の戦略的提携 ―マルチエージェント交渉による次世代SCM―
貝原俊也・谷水義隆・西　竜志著
A5判 192頁 定価（本体3400円＋税）（27544-5）

効率的SCMを実践する際に重要となる，企業間でWin-Winの関係を対等に構築する戦略的提携の必要性を平易に解説。〔内容〕基本アルゴリズム／インバウンド；オペレーション；プランニング／アウトバウンド；オペレーション；プランニング

5. サプライチェーン最適化の新潮流 ―統一モデルからリスク管理・人道支援まで―
久保幹雄著
A5判 176頁 定価（本体3200円＋税）（27545-2）

最新の研究動向とその適用法を解説し，最適化モデルを記述するための言語を明示。〔内容〕関連モデル／最適化言語／ロットサイズ決定／スケジューリングモデル／在庫モデル／配送計画モデル／帰着と変形とは／システム設計モデル／他

6. サプライチェーンの最適運用 ―かんばん方式を超えて―
大野勝久著
A5判 168頁 定価（本体3200円＋税）（27546-9）

原材料・部品の調達から生産・物流・販売を経て最終消費者に至るサプライチェーンの最適運用を明示。〔内容〕ブルウィップ効果／確実環境下のJIT／シミュレーション／マルコフ決定過程／強化学習と近似DP／他

サプライ・チェインの設計と管理 ―コンセプト・戦略・事例―（普及版）
D.スミチ・レビ・P.カミンスキー・E.スミチ・レビ著　久保幹雄 監修
A5判 408頁 定価（本体4800円＋税）（27023-5）

米国IE協会のBook-of-the-Yearなど数々の賞に輝くテキスト。〔内容〕ロジスティクス・ネットワークの構成／在庫管理／情報の価値／物流戦略／戦略的提携／国際的なSCM／製品設計とSCM／顧客価値／情報技術／意思決定支援システム

シリーズ〈金融工学の新潮流〉2　金融リスクモデリング ―理論と重要課題へのアプローチ―
室町幸雄編著
A5判 210頁 定価（本体3800円＋税）（29602-0）

実務家および研究者を対象とした，今後のリスク管理の高度化に役立つ実践的書。〔内容〕ARCH型不均一モデル／コピュラによる確率変数の依存関係の表現／レジームスイッチングモデル／極値理論／リスク量のバイアス／コア預金モデル／他

ファイナンス・ライブラリー12　実践 ベイズ統計学
中妻照雄著
A5判 180頁 定価（本体3400円＋税）（29542-9）

前著『入門編』の続編として，初学者でも可能なExcelによるベイズ分析の実際を解説。練習問題付き〔内容〕基本原理／信用リスク分析／ポートフォリオ選択／回帰モデルのベイズ分析／ベイズ型モデル平均／数学補論／確率分布と乱数生成法

ファイナンス・ライブラリー13　金融市場の高頻度データ分析 ―データ処理・モデリング・実証分析―
林　高樹・佐藤彰洋著
A5判 208頁 定価（本体3700円＋税）（29543-6）

金融市場が生み出す高頻度データについて，特徴，代表的モデル，分析方法を解説。〔内容〕高頻度データとは／探索的データ分析／モデルと分析（価格変動，ボラティリティ変動，取引間隔変動）／テールリスク／外為市場の実証分析／他

ファイナンス・ライブラリー14　確率制御の基礎と応用
辻村元男・前田　章著
A5判 160頁 定価（本体3000円＋税）（29544-3）

先進的な経済・経営理論を支える確率制御の数理を，基礎から近年の応用まで概観。学部上級以上・専門家向け〔内容〕確率制御とは／確率制御のための数学／確率制御の基礎／より高度な確率制御／確率制御の応用／他

応用最適化シリーズ〈全6巻〉
複雑になる実際問題を「最適化」で解決

1. 線形計画法
並木　誠著
A5判 200頁 定価(本体3400円+税)(11786-8)

工学，経済，金融，経営学など幅広い分野で用いられている線形計画法の入門的教科書。例，アルゴリズムなどを豊富に用いながら実践的に学べるよう工夫された構成。〔内容〕線形計画問題／双対理論／シンプレックス法／内点法／線形相補性問題

2. ネットワーク設計問題
片山直登訳
A5判 216頁 定価(本体3600円+税)(11787-5)

通信・輸送・交通システムなどの効率化を図るための数学的モデル分析の手法を詳説。〔内容〕ネットワーク問題／予算制約をもつ設計問題／固定費用をもつ設計問題／容量制約をもつ最小木問題／容量制約をもつ設計問題／利用者均衡設計問題／他

3. 応用に役立つ50の最適化問題
藤澤克樹・梅谷俊治著
A5判 184頁 定価(本体3200円+税)(11788-2)

数理計画・組合せ最適化理論が応用分野でどのように使われているかについて，問題を集めて解説した書。〔内容〕線形計画問題／整数計画問題／非線形計画問題／半正定値計画問題／集合被覆問題／勤務スケジューリング問題／切出し・詰込み問題

4. ネットワーク最適化とアルゴリズム
繁野麻衣子著
A5判 200頁 定価(本体3400円+税)(11789-9)

ネットワークを効果的・効率的に活用するための基本的な考え方を，最適化を目指すためのアルゴリズム，定理と証明，多くの例，わかりやすい図を明示しながら解説。〔内容〕基礎理論／最小木問題／最短路問題／最大流問題／最小費用流問題

5. 確率計画法
椎名孝之著
A5判 184頁 定価(本体3200円+税)(11790-5)

不確実要素を直接モデルに組み入れた本最適化手法について，理論から適用までを平易に解説した初の成書。〔内容〕一般定式化／確率的制約問題／多段階確立計画問題／モンテカルロ法を用いた確率計画法／リスクを考慮した確率計画法／他

6. 非線形計画法
山下信雄著
A5判 208頁 定価(本体3400円+税)(11791-2)

基礎的な理論の紹介から，例示しながら代表的な解法を平易に解説した教科書。〔内容〕凸性と凸計画問題／最適性の条件／双対問題／凸2次計画問題に対する解法／制約なし最小化問題に対する解法／非線形方程式と最小2乗問題に対する解法

シリーズ〈現代の品質管理〉5 **現代オペレーションズ・マネジメント** —IoT時代の品質・生産性向上と顧客価値創造—
圓川隆夫著
A5判 192頁 定価(本体2700円+税)(27570-4)

顧客価値の創造をめざす製造業に求められる多様な変動との戦いを，第一人者が理論と現場の最前線から解明。〔内容〕ものづくりの潮流，組織的改善（TQM，TPM，TPS）／TOC／Factory Physics／戦略的SCM／顧客価値創造／他

シリーズ〈現代の品質管理〉4 **システムの信頼性と安全性**
田中健次著
A5判 192頁 定価(本体2700円+税)(27570-4)

製品のハード面での高信頼度化が進む一方で注目すべき，使用環境や使用方法など「システムの失敗」による事故の防止を，事故例を検討しつつ考察。〔内容〕システム視点からの信頼性設計／信頼性解析／未然防止の手法／安全性設計／他

確率工学シリーズ1 **待ち行列の数理モデル**
木村俊一著
A5判 224頁 定価(本体3600円+税)(27571-1)

数理と応用をつなぐ丁寧な解説のテキスト。演習・解あり。学部上級から〔内容〕待ち行列モデル／出生死滅型待ち行列／M/G/1待ち行列／M/G/s待ち行列／拡散近似／待ち行列ネットワーク／付録：速習コース［マルコフ連鎖／再生過程近似］

市場分析のための 統計学入門
清水千弘著
A5判 160頁 定価(本体2500円+税)(12215-2)

住宅価格や物価指数の例を用いて，経済と市場を読み解くための統計学の基礎をやさしく学ぶ。〔内容〕統計分析とデータ／経済市場の変動を捉える／経済指標のばらつきを知る／相関関係を測定する／因果関係を測定する／回帰分析の実際／他

FinTechライブラリー 株式の計量分析入門 —バリュエーションとファクターモデル—

津田博史・吉野貴晶 著
A5判 176頁 定価（本体2800円＋税）（27581-0）

学生，ビジネスマンおよび株式投資に興味ある読者を対象とした，理論の入門から実践的な内容までを平易に解説した教科書。〔内容〕株式分析の基礎知識／企業利益／株式評価／割引超過利益モデル／データ解析とモデル推定／ファクターモデル

FinTechライブラリー FinTechイノベーション入門

津田博史 監修／嶋田康史 編著
A5判 216頁 定価（本体3200円＋税）（27582-7）

FinTechとは何か。俯瞰するとともに主要な基本技術を知る。〔内容〕FinTech企業とビジネス／データ解析とディープラーニング／ブロックチェーンの技術／FinTechの影の面／FinTechのエコノミクス／展望／付録（企業リスト，用語集など）

実践Pythonライブラリー Pythonによる ファイナンス入門

中妻照雄 著
A5判 176頁 定価（本体2800円＋税）（12894-9）

初学者向けにファイナンスの基本事項を確実に押さえた上で，Pythonによる実装をプログラミングの基礎から丁寧に解説。〔内容〕金利・現在価値・内部収益率・債権分析／ポートフォリオ選択／資産運用における最適化問題／オプション価格

実践Pythonライブラリー Pythonによる 数理最適化入門

久保幹雄監修／並木 誠 著
A5判 208頁 定価（本体3200円＋税）（12895-6）

数理最適化の基本的な手法をPythonで実践しながら身に着ける。初学者にも試せるようにプログラミングの基礎から解説。〔内容〕Python概要／線形最適化／整数線形最適化問題／グラフ最適化／非線形最適化／付録問題の難しさと計算量

シリーズ〈行動計量の科学〉6 意思決定の処方

竹村和久・藤井 聡著
A5判 200頁 定価（本体3200円＋税）（12826-0）

現実社会でのよりよい意思決定を支援（処方）する意思決定モデルを，「状況依存的焦点モデル」の理論と適用事例を中心に解説。意思決定論の基礎的内容から始め，高度な予備知識は不要。道路渋滞，コンパクトシティ問題等への適用を紹介。

ジャフィー・ジャーナル：金融工学と市場計量分析 リスク管理・保険とヘッジ

日本金融・証券計量・工学学会編
A5判 200頁 定価（本体3400円＋税）（29026-4）

〔内容〕CoVaRによるシステミック・リスク計測／リスクベース・ポートフォリオの高次モーメントへの拡張／逐次推定・最適化に基づく生命保険負債の動的ヘッジ戦略／創業企業の信用リスクモデル／他

ジャフィー・ジャーナル：金融工学と市場計量分析 ファイナンスとデータ解析

日本金融・証券計量・工学学会編
A5判 288頁 定価（本体4600円＋税）（29024-0）

〔内容〕一般化加法モデルを用いたJEPX時間帯価格予測と入札量／業種間の異質性を考慮した企業格付評価／大規模決算書データに対するk-NNによる欠損値補完／米国市場におけるアメリカンオプションの価格評価分析／他

ジャフィー・ジャーナル：金融工学と市場計量分析 数値計算手法の新展開

日本金融・証券計量・工学学会 編
A5判 196頁 定価（本体3400円＋税）（29025-7）

〔内容〕ニュースを用いたCSR活動が株価に与える影響の分析／分位点回帰による期待ショートフォール最適化とポートフォリオ選択／日本市場センチメント指数と株価予測可能性／小企業のEL推計における業歴の有効性

シリーズ〈マーケティング・エンジニアリング〉5 ブランド評価手法 —マーケティング視点によるアプローチ—

守口 剛・佐藤栄作編著
A5判 180頁 定価（本体3400円＋税）（29505-4）

売上予測，競争市場分析などを含めた分析手法とモデルについて解説。〔内容〕購買データを利用したブランド評価／調査データを利用したブランド評価／コンジョイント分析を利用したブランド評価／パネルデータを利用したブランド力の評価／他

ISBN は 978-4-254- を省略

（表示価格は2018年3月現在）

朝倉書店

〒162-8707 東京都新宿区新小川町6-29
電話 直通(03) 3260-7631 FAX(03) 3260-0180
http://www.asakura.co.jp eigyo@asakura.co.jp

表 4.22 クラス分類

変化率	ラベル	データの個数
1%以上上昇	1	282
−1%〜+1%	0	1439
−1%以上下落	−1	268

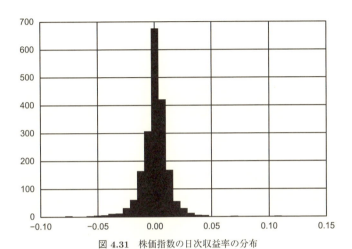

図 4.31 株価指数の日次収益率の分布

証にあたっては，その評価方法に注意が必要である．ソースコード 4.6 は上記の市場データの加工を行うプログラムである．

ソースコード 4.6　Python3.5 市場データの加工

```
# 必要なライブラリをインポート
import pandas as pd

# 必要な関数を定義
def getLabel(data):
    for d in data:
        if float(d) >= 0.01:
            yield 1
        elif float(d) <= -0.01:
            yield -1
        else:
            yield 0

# 市場データをロード
mkt = pd.read_csv('DJIA_table.csv')

# Dateを日付型に変換し，Indexにする
idx = pd.to_datetime(mkt['Date'])
mkt.index = idx

```

120   4.　金融データ解析への応用

```
21      # Adj Closeの日中変化率を求める
22      mkt['change'] = mkt['Adj Close'].pct_change(periods=-1)
23
24      # 日中変化率をラベルに変換
25      mkt['Class'] = list(getLabel(mkt['change']))
```

4.4.2　テキストデータの処理

次に，ニュースデータを加工し，分析用に数値化したデータを生成する．4.1,
4.2節ではもともと数値形式であるデータを入力値として用いたが，テキストデー
タをモデルの入力値として用いる場合は，モデルの推定を行う前になんらかの方法
でテキストデータを数値データに変換する必要がある．前述の通りテキストデー
タの数値化についてはさまざまな方法が提案されているが，本節では文章中に出
現する単語を数え上げる Bag of Words (BoW) と呼ばれる手法を採用する [27].

BoW による変換を行う前に，モデル精度の向上のため，いくつかの前処理を行
う．1つ目の処理はストップワードの除去 (stop-word removal) である．ストップ
ワードとは is, and, has など，あらゆる種類のテキストに多く含まれる単語をさ
す．こうした単語はクラスを判別する上で有益な情報をほとんど含んでおらず，
事前に元データから削除しておくことが望ましい．ソースコード 4.7 の実装例で
は，Python の自然言語処理ライブラリである NLTK (Natural Language Toolkit
for Python)[65] で提供されている 127 個の英語のストップワードをもとに，上記の
処理を行っている．

2つ目の処理はワードステミング (word stemming) である．ワードステミング
とは，Porter[66] により開発されたアルゴリズムであり，単語を原形に変換 [28] する
ことで，時制などが異なる単語を同じ単語として合算することが可能となる [29].
ソースコード 4.7 では NLTK の PorterStemmer クラスを使用しワードステミン
グを行っている．

---

[27] BoW によって生成される特徴ベクトルの大半の成分は 0 となることから，生成されたベクトルを
　　　疎ベクトル (sparse vector) とも呼ぶ．
[28] Porter ステミングでは単語は文法的に正しい原形に変換されるのではなく，現実には存在しない単
　　　語 (図 4.32 の leav など) が生成される場合がある．これに対し，文法的に正しい原形への変換を目
　　　指す見出し語化 (lemmatization) と呼ばれる手法が存在するが，Toman et al.[67] によれば，ステミン
　　　グと見出し語化どちらを用いてもテキスト分類の精度にほとんど影響を及ぼさないとのことである．
[29] こうした処理を行わない場合，例えば work と working という単語が別の単語としてカウントされ
　　　てしまう．より精緻な特徴ベクトルを生成するため，こうした単語は同じものとしてカウントされ
　　　ることが望ましい．

4.4 ニュースから株価を予測 —テキストマイニング—

最後に，TF-IDF (term frequency inverse document frequency) という手法により特徴ベクトルのウェイトを調整する．本節の例を含め，テキストデータ解析では多くの場合，各クラスに分類されるテキスト間に共通して出現する単語が存在する．こうした単語はストップワードと同様，クラスを判別する上で有益な情報はほとんど含まれていないと考えられるため，TF-IDF を利用することにより，こうした単語のウェイトを減らした特徴ベクトルを生成することを考える[*30]．
TF-IDF は TF (単語の出現頻度) と IDF (逆文書頻度) の積として，

$$\text{tf-idf}(t,d) = \text{tf}(t,d) \times \text{idf}(t,d) \tag{4.10}$$

と定義される．ここで，$\text{tf}(t,d)$ はドキュメント d における単語 t の出現頻度を表す．逆文書頻度 $\text{idf}(t,d)$ は

$$\text{idf}(t,d) = \log\frac{1+n_d}{1+\text{df}(t,d)} + 1$$

で定義される[*31]．ここで，n_d はドキュメントの総数，$\text{df}(t,d)$ は単語 t を含んでいるドキュメントの個数を表す．scikit-learn の `TfidfTransformer` クラスのデフォルト設定では，(4.10) 式により計算された特徴ベクトル $\boldsymbol{v} = (v_1, v_2 \ldots v_n)^\top$ に対し，以下のように L2 正則化を適用した特徴ベクトル $\boldsymbol{v}_{norm}$ が生成される．

$$\boldsymbol{v}_{norm} = \frac{\boldsymbol{v}}{||\boldsymbol{v}||_2} = \frac{\boldsymbol{v}}{\sqrt{v_1^2 + v_2^2 \ldots v_n^2}} \tag{4.11}$$

ソースコード 4.7 の 57～58 行目で上記の TF-IDF による変換を行っている[*32]．

ソースコード **4.7** Python3.5 テキストデータの加工

```
1   # 必要なライブラリをインポート
2   import pandas as pd
3   from sklearn.feature_extraction.text import TfidfTransformer
4   from sklearn.feature_selection import SelectFromModel
5   from sklearn.ensemble import RandomForestClassifier
6   from nltk.corpus import stopwords
7   from nltk.stem.porter import PorterStemmer
8
9   porter = PorterStemmer()
10  stop = stopwords.words('english')
```

[*30] Raschka[68] はストップワード処理を行う場合は TF-IDF の処理を行う必要はないとしているが，本節の例ではストップワードで削除される単語以外にも各クラスに分類されるテキスト間に共通して出現する単語が存在するため，それらのウェイトを減少させる目的で TF-IDF の処理を行っている．

[*31] これは scikit-learn の `TfidfTransformer` クラスのデフォルトパラメータを用いた場合の定義式である．

[*32] ソースコード 4.7 では元データすべてを用いて特徴ベクトルの生成を行っているが，実際の分析ではアウトオブサンプルの精度検証のため，訓練データのみを用いて特徴ベクトルの生成を行った．

```
11
12   # 日付インデックス作成用に市場データをロードしておく
13   mkt = pd.read_csv('DJIA_table.csv')
14   idx = pd.to_datetime(mkt['Date'])
15
16   # 必要な関数を定義
17   def tokenizer_porter(text):
18       return [porter.stem(word) for word in text.split()]
19
20   def modifiedSentence(d):
21       for _d in d:
22           yield tokenizer_porter(_d)
23
24   def getSentence(d):
25       for _d in d:
26           res = ' '
27           for t in _d:
28               res = res + ' ' + t
29           yield res
30
31   # 元データをロードし,日付をインデックスにする
32   news = pd.read_csv('RedditNews.csv')
33   news.index = pd.to_datetime(news['Date'])
34
35   # 休日分のニュースを削除
36   news = news.loc[idx, :]
37
38   # 1日分のニュースを結合して1つにまとめる
39   # 翌日の株価を予測するため,日付を1つ先にずらす
40   date = news.index.unique()
41   news_dict = {}
42   for i, d in enumerate(date):
43       _n = ' '
44       for n in news['News'][d]:
45           _n = _n + ' ' + n.lower()
46           news_dict[date[i-1]] = _n.replace("b'", "").replace('b"',
                  '').replace("'", "")
47
48   # 生成したデータをDataFrame形式に変換
49   news_dict = pd.DataFrame(news_dict, index = ['News'])
50   news_dict = news_dict.T
51
52   # 生成したニュースデータの時制などを修正
53   mf = modifiedSentence(news_dict['News'])
54   news_dict['Modified'] = list(getSentence(mf))
55
56   # TF-IDFによりテキストをベクトル化
57   count = TfidfVectorizer(stop_words=stop)
58   data = count.fit_transform(news_dict['Modified'])
59   data = data.toarray()
60   data = pd.DataFrame(data,columns=count.get_feature_names(),index=
         idx)
```

上記の処理により生成されたデータを確認するため,図4.32に適当な日付(2016

4.4 ニュースから株価を予測 —テキストマイニング—

図 4.32 WordCloud によるニュースの可視化 (2016 年 6 月 27 日)

年 6 月 27 日) のデータを可視化したものを示した[*33]．同日は英国の EU 離脱 (Brexit) が決定してから 4 日後であり，Brexit 関連と思われる単語 (brexit, eu, leav など) の出現頻度が高くなっていることが確認できる．

ソースコード 4.7 を実行することにより，27,053 次元の特徴ベクトルが生成される[*34]．生成された特徴ベクトルの一部を表 4.23 に示した．表 4.23 のデータすべてをそのままモデルの推定に用いることも可能であるが，次元数が高いこと，数字のみのデータなど，ほぼ意味をなさないと思われる単語が含まれていることから，さらに次元数の削減を試みる．

次元削減にあたっては，主成分分析を用いるのが一般的な方法であるが，本節ではより簡単な方法として，2.2.2 項で解説したランダムフォレストの変数の重要度を基準とした次元削減を行う．ソースコード 4.8 はソースコード 4.6 およびソースコード 4.7 で生成した元データ (data, mkt) から変数の重要度が平均以上

表 4.23 生成された特徴ベクトル

日付	00	000	000bpd	000ft	000new	000sq	...	zulu	zuma	zurich	zuyevo	zweimal	zygi
2008-08-11	0	0.020066	0	0	0	0	...	0	0	0	0	0	0
2008-08-12	0	0	0	0	0	0	...	0	0	0	0	0	0
2008-08-13	0	0	0	0	0	0	...	0	0	0	0	0	0
2008-08-14	0	0	0	0	0	0	...	0	0	0	0	0	0
2008-08-15	0	0.026485	0	0	0	0	...	0	0	0	0	0	0
⋮	⋮	⋮	⋮	⋮	⋮	⋮		⋮	⋮	⋮	⋮	⋮	⋮

[*33] 可視化にあたって，Python の言語可視化ライブラリである WordCloud[69] を用いた．
[*34] ソースコード 4.7 では元データすべてを用いて特徴ベクトルの生成を行っているが，実際の分析では訓練データのみを用いて特徴ベクトルの生成を行った．

になるものを抽出するプログラムである.

ソースコード **4.8** Python3.5 ランダムフォレストによる次元削減

```
1   # 必要なライブラリをインポート
2   import pandas as pd
3   import numpy as np
4   from sklearn.feature_selection import SelectFromModel
5   from sklearn.ensemble import RandomForestClassifier
6
7   # 元データをnumpy array形式に変換
8   X = np.array(data)
9   Y = np.array(mkt['Class'])
10
11  # ランダムフォレストで推定
12  rf = RandomForestClassifier()
13  rf.fit(X, Y)
14
15  # 重要度が平均以上となる変数を抽出
16  selectfrommodel = SelectFromModel(rf, prefit=True)
17  data_transformed = selectfrommodel.transform(data)
```

ソースコード 4.8 を実行することにより,最終的に次元数は 1943 次元に圧縮された[35].以降では圧縮済みのデータを分析に用いる.上記の処理により,重要度が高いと判定された上位 30 個の単語を表 4.24 に示した.

表 **4.24** 変数の重要度

順位	単語	重要度	順位	単語	重要度	順位	単語	重要度
1	success	0.004951	11	work	0.002569	21	day	0.002057
2	isra	0.004656	12	bankruptci	0.002528	22	trap	0.002055
3	2008	0.003984	13	happen	0.002439	23	dr	0.002033
4	ship	0.003932	14	call	0.002376	24	unnam	0.002018
5	doe	0.003451	15	tornado	0.002309	25	western	0.002013
6	iran	0.003216	16	christian	0.002262	26	remov	0.002009
7	predecessor	0.002779	17	oliv	0.002237	27	sri	0.001989
8	might	0.002748	18	101	0.002189	28	although	0.001983
9	bomb	0.002689	19	000	0.002188	29	look	0.001983
10	compet	0.00266	20	capabl	0.002072	30	jacqui	0.00193

4.4.3 モデルの比較

前項までで解説した方法により元データを加工した後,4.1 節および 4.2 節と同

---

[35] ソースコード 4.8 では元データすべてを用いて次元数の削減を行っているが,実際の分析では訓練データのみを用いて同様の処理を行った.また,ランダムフォレストの特性上,推定の試行ごとにやや結果が異なることに注意が必要である.

4.4 ニュースから株価を予測 —テキストマイニング— 125

表 4.25 ハイパーパラメータ

モデル	ハイパーパラメータ
ロジスティック回帰	正則化：L1, $C = 0.01$
決定木	Criterion：gini, 最大の深さ:10
SVM	$C = 10$, $\gamma = 1.0$
多層パーセプトロン	活性化:tanh, 隠れ層次元：1943
DNN (3 層)	活性化：ReLU, 隠れ層次元：1943, L2 正則化, ドロップアウト：0.5～0.8
DNN (4 層)	活性化：ReLU, 隠れ層次元：1943, L2 正則化, ドロップアウト：0.5～0.8
DNN (5 層)	活性化：ReLU, 隠れ層次元：1943, L2 正則化, ドロップアウト：0.5～0.8
ランダムフォレスト	Estimator の数=10, 最大の深さ=1000
ブースティング木	学習率=0.1, min child weight= 0.75, Estimator の数=10, 最大の深さ=50

様にロジスティック回帰，決定木，SVM，多層パーセプトロン，DNN (3～5 層)，
ランダムフォレスト，ブースティング木の 9 モデルについて，それぞれの性能評
価を行う．各モデルのハイパーパラメータは表 4.25 に示した通りである．アウト
オブサンプルのデータに対する精度を検証するため，元データを 2015 年 1 月 1
日を基準に分割し，2014 年 12 月 31 日以前を訓練データ，2015 年 1 月 1 日以降
を検証データとした．

本節の例は 3 クラスの分類問題のため，4.1 節および 4.2 節とは異なり，クラ
スごとに F1 スコアを算出し，モデルの精度を比較する．各クラスのデータ数で
加重平均をとったスコアを表 4.26 に，各クラスのスコアを表 4.27～4.29 に示し
た *36)．

表 4.26 推定結果 (加重平均)

モデル	検証データ			訓練データ		
	F1	適合率	再現率	F1	適合率	再現率
ロジスティック回帰	0.5779	0.4915	0.7011	0.6142	0.5308	0.7286
決定木	0.5725	0.5367	0.6323	0.8039	0.8562	0.8317
SVM	0.5993	0.5741	0.6667	0.9994	0.9994	0.9994
多層パーセプトロン	0.5720	0.5342	0.6429	1.0000	1.0000	1.0000
DNN (3 層)	0.5982	0.5889	0.6905	1.0000	1.0000	1.0000
DNN (4 層)	0.5867	0.5527	0.6772	1.0000	1.0000	1.0000
DNN (5 層)	0.5806	0.5256	0.6825	1.0000	1.0000	1.0000
ランダムフォレスト	0.5843	0.5342	0.6825	0.9843	0.9846	0.9845
ブースティング木	0.5873	0.6879	0.7011	0.9412	0.9475	0.9435

*36) ロジスティック回帰については訓練・検証データすべてを 0 ラベルと判定してしまったため，±1
ラベルのスコアはすべて 0 となっている．また，その他のモデルについても，スコアが 0 となっ
ているものは，当該クラスをとるモデルの推定値の個数が 0 であることを示す．

126   4. 金融データ解析への応用

表 4.27 推定結果 (ラベル：−1)

モデル	検証データ			訓練データ		
	F1	適合率	再現率	F1	適合率	再現率
ロジスティック回帰	0.0000	0.0000	0.0000	0.0000	0.0000	0.0000
決定木	0.0976	0.1429	0.0741	0.5658	0.9556	0.4019
SVM	0.1795	0.2917	0.1296	0.9977	1.0000	0.9953
多層パーセプトロン	0.1081	0.2000	0.0741	1.0000	1.0000	1.0000
DNN (3 層)	0.1563	0.5000	0.0926	1.0000	1.0000	1.0000
DNN (4 層)	0.0833	0.1667	0.0556	1.0000	1.0000	1.0000
DNN (5 層)	0.0000	0.0000	0.0000	1.0000	1.0000	1.0000
ランダムフォレスト	0.0923	0.2727	0.0556	0.9688	0.9951	0.9439
ブースティング木	0.0364	1.0000	0.0185	0.8766	1.0000	0.7804

表 4.28 推定結果 (ラベル：0)

モデル	検証データ			訓練データ		
	F1	適合率	再現率	F1	適合率	再現率
ロジスティック回帰	0.8243	0.7011	1.0000	0.8430	0.7286	1.0000
決定木	0.7798	0.7030	0.8755	0.8968	0.8152	0.9966
SVM	0.8000	0.7118	0.9132	0.9996	0.9991	1.0000
多層パーセプトロン	0.7822	0.6950	0.8943	1.0000	1.0000	1.0000
DNN (3 層)	0.8147	0.7064	0.9623	1.0000	1.0000	1.0000
DNN (4 層)	0.8129	0.7099	0.9509	1.0000	1.0000	1.0000
DNN (5 層)	0.8153	0.7052	0.9660	1.0000	1.0000	1.0000
ランダムフォレスト	0.8147	0.7064	0.9623	0.9903	0.9816	0.9991
ブースティング木	0.8232	0.7032	0.9925	0.9627	0.9280	1.0000

表 4.29 推定結果 (ラベル：+1)

モデル	検証データ			訓練データ		
	F1	適合率	再現率	F1	適合率	再現率
ロジスティック回帰	0.0000	0.0000	0.0000	0.0000	0.0000	0.0000
決定木	0.0759	0.1500	0.0508	0.5437	0.9767	0.3767
SVM	0.0822	0.2143	0.0508	1.0000	1.0000	1.0000
多層パーセプトロン	0.0526	0.1176	0.0339	1.0000	1.0000	1.0000
DNN (3 層)	0.0303	0.1429	0.0169	1.0000	1.0000	1.0000
DNN (4 層)	0.0313	0.2000	0.0169	1.0000	1.0000	1.0000
DNN (5 層)	0.0580	0.2000	0.0339	1.0000	1.0000	1.0000
ランダムフォレスト	0.0000	0.0000	0.0000	0.9679	0.9906	0.9462
ブースティング木	0.0323	0.3333	0.0169	0.8905	1.0000	0.8027

　加重平均スコアを見ると，検証データに対して SVM が最もよいスコアとなっ
ていることがわかる．また，3 層の DNN が SVM に次ぐ精度となっており，本節
の例のような入力次元数の高い問題に対しては，こうしたモデルに優位性がある

ものと思われる．クラスごとのスコアを見ると，ラベルが 0 のデータに対するスコアは全体的に高いものの，±1 ラベルのデータに対する精度はどのモデルもかなり低いスコアとなっている．

　トレーディング実務において，実際に市場予測を目的としてこのようなモデルを構築する場合，当然ではあるが±1 のラベルをどの程度予想できるかが重要となる．そういった意味では，本節で推定したモデルをそのまま実務で使用することについてはやや難しいといわざるをえない．しかしながら，山本・松尾[60] で示されている通り，文章内の単語の出現頻度をカウントする BoW は，文脈情報を考慮したモデルと比較すると，文脈情報が無視されてしまうことにより，著しく精度が低下することが知られている．したがって，こうした事前処理の方法などを工夫することで，実務での使用にも耐えうるモデルを構築できる可能性はあるものと思われる．

5

金融への応用も期待される畳み込みニューラルネットワーク

ディープニューラルネットワーク (DNN) の中で，画像認識の分野で使われている
アーキテクチャ (構造) として畳み込みニューラルネットワーク (convolutional
neural network, CNN) がある．一般的な多層パーセプトロン (multilayer percep-
tron, MLP) はユニットが 1 次元配列であるため，画像のような 2 次元情報の上下
左右の位置関係の認識は難しい．またすべての層のユニットが全結合すると，画
像上の 1 画素 (ピクセル) が 1 入力 (実際は R，G，B でその 3 倍) に対応するので，
パラメータの数が膨大になり計算不能に陥るという問題がある．それらを解決す
るために，隣り合う層の DNN のユニットを全結合させずに，直前の入力層から
"局所的な領域を入力域とするユニット" が結合する特殊な層を経由して，後半部
分の MLP へとつなげていく CNN 構造が考案された．この特殊な層で行われる
画像処理特有の演算が「畳み込み」，「プーリング」と呼ばれているものである．

5.1　人間の視覚構造に似ている

"局所的な領域を入力域とするユニット" は，人間の脳の視覚野における受容
野，外側膝状体 (LGN)，単純型細胞 (simple cells)，複雑型細胞 (complex cells) で
行われるプロセス [*1] に似ている．人間の視野は約 150° の角度があるが，視野細
胞の視角は視覚プロセスの当初の段階では数° しかなく，この狭い領域に入力が
あった場合にしか反応していない．この細胞の限られた視野が受容野 (receptive
field) である．視覚情報は網膜から視神経を通じて視床にある LGN のニューロン
(CNN でのユニットと同義) により大脳皮質 1 次視覚野に伝えられる．大脳皮質

[*1]　ニューヨーク大学 Heeger 教授 (ニューラルサイエンス)[70] 参照.

5.1 人間の視覚構造に似ている 129

1次視覚野には2種類の神経細胞，単純型細胞と複雑型細胞がある．単純型細胞の特徴は方位選択性で，特定の方位の線，または棒状の刺激にのみ反応する点で畳み込みフィルターに似ている．複雑型細胞の受容野にはサブユニット (subunit) という構造単位があり，単純型細胞の出力をシナプス結合し入力を与えている．それにより複雑型細胞にも方位選択性があるが，いくつかの単純型細胞の出力が足し合わされている点でプーリングに似ているともいえる．受容野は視覚系が高次に行くにつれ徐々に拡大し，最終的に無数にある脳細胞で各視野の領域を受け持ち，それらを敷き詰めるようにして全体像が認識されている．

CNN 構造のシンプルな例を挙げれば，

入力→ 畳み込み層 (活性化関数 ReLU など) →プーリング層→ 畳み込み層 (活性化関数 ReLU など) →プーリング層→ 1次元配列化→ 全結合層 (活性化関数 ReLU など) → 全結合層 (活性化関数 ReLU など) → 出力層 (全結合層，活性化関数 softmax など)

のようになる．何層の CNN (または DNN) である，というときの数え方は，パラメータの関与する畳み込み層と (全) 結合層を対象としている．上記の例であれば囲い文字部分の5層となる．

畳み込み層 (後述 5.1.2 項) とプーリング層 (後述 5.1.3 項) は通常，ペアでこの順番を維持し，単純型細胞と複雑型細胞のような結合を模倣し特徴マップを生成する．通常このペアは複数回繰り返される[*2)]．これらの畳み込み層とプーリング層の後に全結合層が配置される．全結合層は1次元の配列なので，全結合に入る前に1次元配列化 (flatten) を行う．1次元配列のプロセスからは通常の DNN との違いはない．各層の役割をまとめれば，表 5.1 のようになる．

表 5.1 各層の役割

入力	画像データ (3次元 (height, width, depth) 配列)
畳み込み層	前層に対し畳み込み処理を行う．
プーリング層	前層の情報を集約化し，サイズ縮小．
1次元配列化	2次元配列情報を1次元配列化する．
全結合層	前層のユニットに対し全結合を行う．
出力層	全結合層．複数のカテゴリーから判別をする場合は活性化関数により総和が1になるよう正規化を行う．値を出力することもできる．1次元配列．

[*2)] 畳み込み層だけが複数回繰り返されるケースもある．

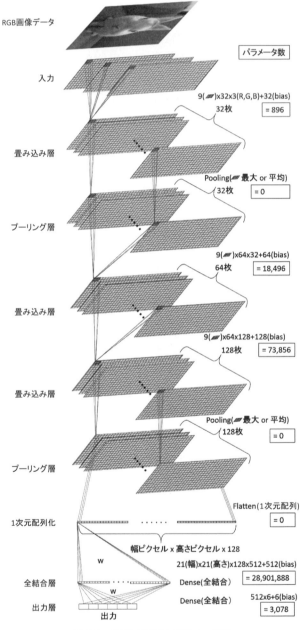

図 5.1　CNN の構成とパラメータ数

5.1 人間の視覚構造に似ている　　　*131*

　図 5.1 では，RGB 画像データに対し 3×3 ピクセル ($h \times w$) のサイズのフィルター数を 32 → 64 → 128 と増やしていく，畳み込み層 3 層，全結合層 2 層の CNN の全体構造と各層に対応するパラメータの数を例示している．パラメータ数は総計で 28,998,214 個である．初回の畳み込み層でのパラメータ数は $h \times w$ (フィルターサイズ)×d (=3(R,G,B))×M (フィルター数)+M (各フィルターに対応する加算用バイアス b の数) であるが，2 回目の畳み込み層では M (前層のフィルター数)×$h \times w$ (フィルターサイズ)×M' (フィルター数)+M' (各フィルターに対応する加算用バイアス b' の数) となり前層のフィルター数に依存し増大していく．

5.1.1　入　　　　力

　前述の通り，画像を処理する CNN において入力は 3 次元 [height, width, depth] 配列である．カラー画像のデータは，画素の位置：$p=(h,w)$ に対応した画素の値ベクトル：$V(p)=[R,G,B]$ であるから，配列の各要素はピクセルに対応し，depth は R，G，B ごとに値をもつので 3 となる．

　画素の値とは，red，green，blue の明るさを示す数値 (階調) である．24 bit カラーの場合，RGB 各色に 8 bit の明るさの階調をもつ．8 bit は，2 の 8 乗までの数を表現できるので，1 色あたり 256 階調，データとしては 0〜255 の値となる．例えば 3 原色，黒，白の画素の配列は V (赤) = [255,0,0]，V (緑) = [0,255,0]，V (青) = [0,0,255]，V (黒) = [0,0,0]，V (白) = [255,255,255] である．

　• 入力データ　$X_{i,j,d}$

　入力データを，画像サイズ $W \times W$ 画素 *3) の位置情報 (i,j) ($i,j = 0,\cdots,W-1$) と depth ($d = 0,1,2$) から $X_{i,j,d}$ と表す．画像データであれば値は 0〜255 の整数であるが，実数値 (負の値も含む) でも計算できる．

5.1.2　畳み込み層 (convolution layer)

　CNN の名前の由来となる畳み込み演算を行う層である．畳み込み層では入力画像あるいは前層の特徴マップの画素配列に対して，後述のフィルター処理→スライド処理を繰り返しながら新しい特徴マップを生成する．この一連の処理により濃淡などのパターンを抽出する特徴抽出を行っている．フィルター処理では前

---

*3)　計算しやすい $W \times W$ の正方形としているが，長方形 $H \times W$ ($H \neq W$) でも可.

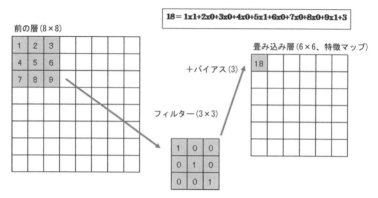

図 5.2 畳み込みフィルターとバイアス

層の部分域 (receptive field) の画素の値に対して 2 次元の配列 (加重フィルター) の対応する要素をかけ合わせ，内積 (ドット積) を計算し，バイアス b を加算する (図 5.2)．m 番目のフィルターについて，配列サイズを $h \times h$[*4] とし，各要素を $f_{m,p,q,d}$ ($p, q = 0, \ldots, h-1$，$d = 0, 1, 2$) であらわす．d はここでは入力 ($d = 0, 1, 2$) を例にとったが，以後は前層のマップ数に対応する．$f_{m,p,q,d}$ は実数値をとる．

畳み込み層のフィルターによる入力ピクセル $x_{i,j}$ から特徴マップ $u_{m,i,j}$ への出力計算は次のようになる [*5,*6]．

$$u_{m,i,j} = \sum_{d=0}^{2} \sum_{p=0}^{h-1} \sum_{q=0}^{h-1} x_{i+p,j+q,d} f_{m,p,q,d} + b_m \quad (m = 0, 1, 2, \ldots, M-1)$$

• スライド処理

ここでスライド処理について説明しておく．スライド処理とはフィルター f をずらす方法である．それにはパディングとストライドの 2 つを考慮する．

1) パディング (padding)

フィルターは通常 3×3 などの配列になるが，例えばそれを画像の左上から右下へ順に 1 ピクセルずつシフトさせていくとしよう．1 シフトごとに 1 つのニューロンの出力となるので，フィルターがはみ出さない限り，特徴マップのサイズは小さくなる．つまりそのサイズは (W, W) から $(W-(h-1), W-(h-1))$ となる．例えば $W : 8$，$h : 3$ の場合，図 5.3，図 5.4 のようになる．特徴マップのサイズを入

[*4] 計算しやすい $h \times h$ の正方形としているが，長方形 $h \times w$ ($h \neq w$) でも可．
[*5] 通常，バイアス b はフィルターごとに各ユニット共通となる．
[*6] 画像の左上を $(i, j) = (0, 0)$ とし，下また右方向に座標が増加すると考えるとわかりやすい．

5.1 人間の視覚構造に似ている 133

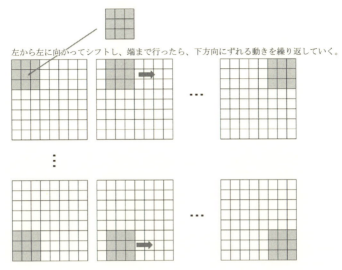

図 5.3 ストライド

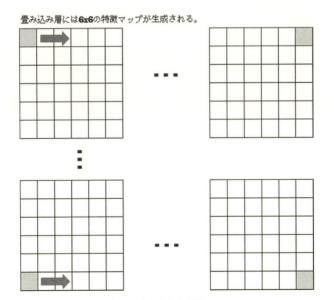

図 5.4 生成された特徴マップ

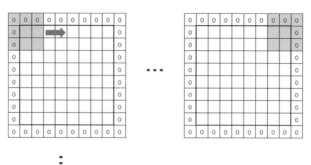

図 5.5 ゼロパディングを入れたケース

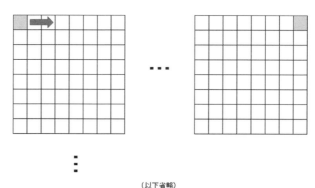

図 5.6 ゼロパディングを入れたケースの特徴マップは 8×8 のまま.

力 (8×8) と同じにするために，入力データ (またはマップ) の周囲に 0 値を配置する，ゼロパディングというテクニックがよく使われる (図 5.5，図 5.6) [*7].

2) ストライド (strides)

ストライド s (sw, sh) はフィルターを縦横にシフトする間隔のことで，式で表せば下のようになる．

$$u_{m,i,j} = \sum_{d=0}^{2}\sum_{p=0}^{h-1}\sum_{q=0}^{h-1} x_{sw_i+p, sh_j+q, d} f_{m,p,q,d} + b_m \quad (m = 0, 1, 2, ..., M-1)$$

Keras で畳み込み層のストライドを変更するには subsample の設定を使う [*8]．デフォルトは $subsample = (1,1)$，つまり $s = (1,1)$ で 1 画素ずつずらしていく．プー

[*7] ゼロパディングは 0 値に影響を受けてしまうため，代わりに最周辺の画素の値や 4 辺で折り返した画素の値を入れることもある．

[*8] Keras 2.0 からは subsample → strides に変更されている (巻末付録 B 参照).

5.1 人間の視覚構造に似ている

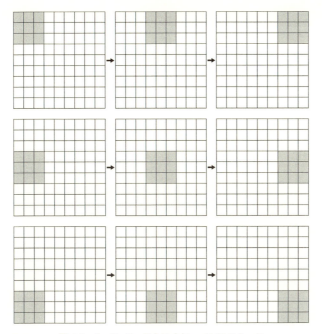

図 5.7 $f = (3 \times 3)$, ストライド $s = (3, 3)$ のケース

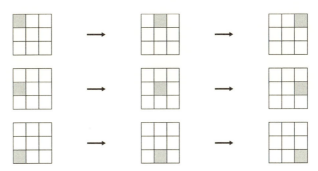

図 5.8 畳み込み層の特徴マップは小さくなる.

リング層においてはなにも指定しなければ $s = (h, h)$ (h：フィルターの幅) となる．例えば入力画像を 9×9, フィルター $f = (3 \times 3)$, ストライド $s = (3, 3)$ とした場合は図 5.7 のような動きとなる．

　一般的なフィルターサイズは $3 \times 3 \sim 5 \times 5$ 程度であるが，フィルターサイズを小さくしたり，フィルター数を増やすことで精度や表現力が高まる．畳み込み層を

複数使う場合，フィルター数を段階的に増やすほうが，一定とするよりもよい結果となるという実証[71]もある．また，フィルターの大きさとストライドについては，画像の大きさとの関係でスライド処理が割り切れる，などの点を考慮する．

畳み込み演算でフィルターの数 (M) だけ特徴マップが生成される．こうして算出された $u_{m,i,j}$ が活性化関数の出力対象となる [*9]．

5.1.3 プーリング層 (pooling layer)

プーリング層により，前層である畳み込み層から出力された特徴マップが縮小される．通常のプーリング層のフィルターは2次元の小さな領域で，畳み込み層のフィルターと同様，サイズやストライドを設定するが，その領域に含まれるユニットの平均や最大値をとる演算なので推定すべきパラメータはない (図 5.1 のプーリング層参照)．照射領域の最大値をとるものが最大値プーリング (図 5.9)，

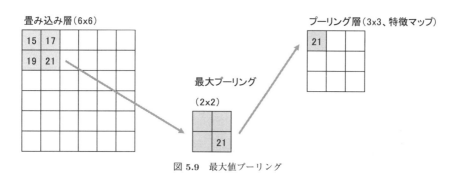

図 5.9 最大値プーリング

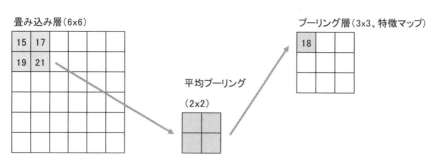

図 5.10 平均値プーリング

[*9] 初回の畳み込み (convolution) で，入力画像の depth が 3 (カラー画像の R, G, B) であったものが，フィルターの演算処理により depth=1 になる点に留意する．

5.2 CNN はどこまで万能なのか？　　　　*137*

平均値をとるものが平均値プーリング (図 5.10) である．他にも両者の中間的存在の Lp プーリングや平均を絶対値に置き換えた絶対値プーリングなどもあり，認識率が向上する例もあるようだ [*10]．

プーリング層のフィルターサイズは大きくすると情報のロスが大きくなるので，2×2，3×3 程度，ストライドもフィルターサイズと同程度が一般的である．

5.2　CNN はどこまで万能なのか？

5.2.1　使用した GPU

本章の実践例は NVIDIA 社 GeForce GTX TITAN X (コア数 3072，デスクトップ用)，GeForce GTX 1080 (コア数 2560，デスクトップ用)，GeForce GTX 1060 (コア数 1280，ノートブック用) を使用している [*11]．3.2.7 項でも解説している通り，GPU とはコンピュータの画像処理用のプロセッサーであるが，その並列演算性能の高さから行列演算も得意としており，多量の行列演算を必要とするディープラーニングで学習時間の短縮化を図ることができる．設計上，演算コアは個別に動いているわけではなく，32 スレッド単位で統制されている [*12]．GPU によるディープラーニングは CUDA の環境でディープラーニング用ライブラリ cuDNN を使ってさらに高速に行うことができる．cuDNN では主としてタイル化 (tiling) とテンソルの低次元化 (lowering) という操作により高速化を実現している．簡単にいえば画像データを小さく分割してから，次元 (2 次元→ 1 次元) を落として行列積に変換し，演算スピードを上げている．

5.2.2　スマートフォンなどの画像ファイルを CNN に使うには

JPG ファイルであれば，スマートフォンやデジタルカメラで撮影した写真や，ダウンロードやスキャンした画像を本節の実践例のように CNN のプログラムに取り込むことができる．実践例ではソースプログラムファイルの置いてあるフォルダに画像データの格納フォルダを作成しているが，このフォルダにはさまざま

[*10]　岡谷・斎藤[72] に詳しい．
[*11]　GeForce は一般コンシューマー用 (おもにゲームマシン用) であるため，ディープラーニングなどでの長時間の演算は想定されていない点には注意すること．
[*12]　GPU の演算は，スレッドが 32 個ずつワープ (WARP) と呼ばれるグループにまとめられた上で実行される．

図 5.11　元画像 (7360×4912 ピクセル)

図 5.12　元画像をそのまま正方形にリサイズした画像　　図 5.13　元画像を正方形にトリミングしておけば歪みはない．

な形やサイズの JPG 画像データを保管することができる．プログラム内で，取り込んだ画像データをあらかじめ設定したピクセルサイズ (例えば 96×96 など) にリサイズ (resize) してから学習演算を行っていくので，元画像の形や大きさの違いはそこで統一化される (ソースコード 5.1, 5.4 参照)．設定したサイズが元画像の形と合致していなければ図 5.12 のように歪んだ，元画像とは異なる描写を学習することになってしまう．元画像の描写を歪めないためには，その形に合わせて画像データを加工しておく．例えば 96×96 に設定する場合は正方形にトリミングしておく (図 5.13)．反対に 4:3 など元の画像の比率を維持したい場合は，それに対応してプログラム内のリサイズを設定すればよい．

96 などの画像のピクセルサイズは，プログラムの中で畳み込みやプーリングのフィルターサイズ (2×2, 3×3, 4×4) で割り切れる数字にすることを考慮したものである．6 や 12 の倍数に設定しておくと，フィルターサイズを変えても画像設定の変更が不要で効率的である．画像データの格納フォルダ名は，判別学習の場合はプログラム内でカテゴリー名として使用される点を考慮する．中に格納する画像のファイル名は所属するクラスがわかるようなものにしておくと混乱しない．

5.2.3 方向判別モデル—顔の判別なんてできるの？

本件で使用する face-images は Mitchell[73] において使用されたデータである．UCI Machine Learning Repository[5] より画像が入手可能である．この画像データは 20 名の協力者の，4 通りの表情 (Angry, Happy, Neutral, Sad)，サングラス着用 (あり，なし) の 2 通り，さらに 4 通りの顔の向き (左，右，正面，上) を組み合わせた 20 × 32 枚のグレースケール画像である．データセットは大 (320 × 300 ピクセル)，中 (64 × 60 ピクセル)，小 (32 × 30 ピクセル) の 3 種類の画像サイズが用意されている．書き込みがあったり，再生できない不良データがあり，実際に使用できた画像数は 19 人分，左向き 149 枚，右向き 148 枚，正面 149 枚，上向き 149 枚の計 594 枚であった．

これにより①個人の判別，②男女の判別，③表情の判別，④顔の向きの判別，などさまざまな画像判別学習ができる．①，③，④についてディープラーニングを試みてみると，表 5.2 のような結果となった．③の表情の判別はディープラーニングでは難しく，訓練データでは 90%を超える正解率となるが，検証データで

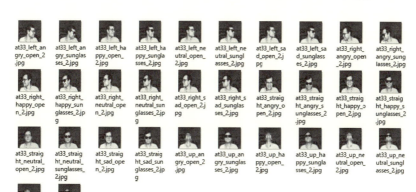

図 5.14　1 人あたり 32 パターンの画像

表 5.2　顔の判別 (正解率)

	①個人	③表情	④顔の向き
訓練データ (%)	100	85〜95	100
検証データ (%)	100	10〜19	95〜97
(検証データ割合)	(40)	(30)	(56)
エポック (回)	30	100	100

は15%程度で頭打ちとなる. 4択のためランダムに選んだ25%よりも低い正解率である. その場に一緒にいてシチュエーションがわかっている, あるいはもともと知っている人であれば笑っているとわかる表情も, まったくの第三者が画像だけから判別する場合は, 怒っているように見えることもある. また画像データにはサングラスを着用しているものがあり, もはやこうなると口元の表情だけになるので, 人間にとっても難しい判別である.

Mitchell[73] では表情判別に触れず, 前述の①, ③, ④を中心に記述がなされている. そのうち数値例が出ていたのが④顔の向きの判別で, ANN (人工ニューロ30層) を使い100回の学習で90%の正解率とある. 当時はまだ畳み込みは知られておらず, 1ピクセルごとに全結合するニューロ計算の結果である. 表5.2の通り, CNNを使ったモデル (ソースコード5.2) で, ほぼ同じ条件 (画像の大きさ32×30, インサンプル260画像, アウトオブサンプル334画像, エポック数100) を試みると95〜97%程度の正解率となった *13).

ソースコード5.1はデータの準備用のプログラム (Python3.5) である.

ソースコード **5.1** Python3.5 データの準備 *14)

```
1    from sklearn import model_selection
2    from PIL import Image
3    import os, glob
4    import numpy as np
5
6    # set target categories
7    root_dir = "./direc_pics/"
8    categories = ["left", "right","straight","up"]
9    nb_classes = len(categories)
10   image_size_w = 32
11   image_size_h = 30
12
13   # load image data from each folder
14   X = [] # for image data
15   Y = [] # for label data
16   for idx, cat in enumerate(categories):
17       image_dir = root_dir + "/" + cat
18       files = glob.glob(image_dir + "/*.jpg")
19
20       for i, f in enumerate(files):
21           img = Image.open(f)
22           img = img.resize((image_size_w, image_size_h))
23           data = np.asarray(img)
```

*13) 初期パラメータを乱数で設定しているので結果は計算するたびに変わる. GeForce GTX 1080 による学習時間は約30秒.

*14) 旧 cross_validation は model_selection に移行した (1, 31 行目).

5.2 CNN はどこまで万能なのか？ 141

```
24              X.append(data)
25              Y.append(idx)
26    X = np.array(X)
27    Y = np.array(Y)
28
29    # divide sample data into training data and test data
30    X_train, X_test, y_train, y_test = \
31        model_selection.train_test_split(X, Y, test_size = 0.56)
32    xy = (X_train, X_test, y_train, y_test)
33    np.save("./direc_pics/direc.npy", xy)
34    print("ok,", len(Y))
```

プログラムファイルを置いたディレクトリの下に direc_pics という名前のフォルダーがあり，その中にカテゴリーごとの画像データを格納したカテゴリー名 ("left", "right", "straight", "up") のフォルダーがある．分類したカテゴリー ("left", "right", "straight", "up") から画像を取り込み，横 32 ピクセル × 縦 30 ピクセルへリサイズし[15]，画像データ，分類ラベルを numpy の ndarray に格納する．

test_size で 56%を検証用データ，残りを訓練用データに振り分け，保存する[16]．プログラムファイルを置く場所は任意であるが，作成されるモデルのパラメータ数が膨大になるとモデル (パラメータ) ファイルが数百 MB を超えることもあるので，空き容量に余裕のある場所に設定しプログラムを実行する[17]．

ソースコード 5.2 は CNN 学習プログラム (Python3.5) である．

ソースコード **5.2** Python3.5 方向判別学習プログラム [18,19]

```
1     from keras.models import Sequential
2     from keras.layers import Convolution2D, MaxPooling2D
3     from keras.layers import Activation, Dropout, Flatten, Dense
4     from keras.utils import np_utils
5     import numpy as np
6     import time
7
8     start_time = time.time()
9
10    # set target categories
11    root_dir = "./direc_pics/"
12    categories = ["left", "right","straight","up"]
13    nb_classes = len(categories)
14
15    def main():
16        X_train, X_test, y_train, y_test = np.load("./direc_pics/direc
              .npy")
```

---

[15]　本ケースでは元画像に 64×60 ピクセルのものを使用．
[16]　確認のため作業終了の合図 "ok" と画像データ数を表示する．
[17]　本モデルのパラメータファイルは約 48 MB．

142   5. 金融への応用も期待される畳み込みニューラルネットワーク

```
17       # data to be converted into 0-1
18       X_train = X_train.astype("float") / 255
19       X_test  = X_test.astype("float") / 255
20       y_train = np_utils.to_categorical(y_train, nb_classes)
21       y_test  = np_utils.to_categorical(y_test, nb_classes)
22       # train and evaluate the model
23       model = model_train(X_train, y_train)
24       model_eval(model, X_test, y_test)
25
26   # build model
27   def build_model(in_shape):
28       model = Sequential()
29       model.add(Convolution2D(128, 3, 3,
30     border_mode='same',
31     input_shape=in_shape))
32       model.add(Activation('relu'))
33       model.add(MaxPooling2D(pool_size=(2, 2)))
34       model.add(Dropout(0.25))
35       model.add(Convolution2D(256, 3, 3, border_mode='same'))
36       model.add(Activation('relu'))
37       model.add(Convolution2D(512, 3, 3))
38       model.add(Activation('relu'))
39       model.add(MaxPooling2D(pool_size=(2, 2)))
40       model.add(Dropout(0.25))
41       model.add(Flatten())
42       model.add(Dense(512))
43       model.add(Activation('relu'))
44       model.add(Dropout(0.5))
45       model.add(Dense(nb_classes))
46       model.add(Activation('softmax'))
47       model.compile(loss='categorical_crossentropy',
48     optimizer='rmsprop',
49     metrics=['accuracy'])
50       return model
51
52   # train model
53   def model_train(X, y):
54       model = build_model(X.shape[1:])
55       model.fit(X, y, batch_size=64, nb_epoch=100)
56       # save the model
57       hdf5_file = "./direc_pics/direc-model.hdf5"
58       model.save_weights(hdf5_file)
59       return model
60
61   # evaluate model
62   def model_eval(model, X, y):
63       score = model.evaluate(X, y)
64       print('loss=', score[0])
65       print('accuracy=', score[1])
66       print (time.time()-start_time)
```

*18) Keras2 では，Convolution2D → Conv2D, Conv2D(128,(3,3), padding='same') とする (2, 31, 35,
37 行目).
*19) Keras2 では nb_epoch → epochs=100 とする (55 行目).

5.2 CNN はどこまで万能なのか？ *143*

```
67
68    if __name__ == "__main__":
69        main()
```

ここではラッパー Keras で TensorFlow をバックエンドで動かしている．time 関数で計算にかかった時間を測る．numpy の多次元配列化された画像データファイルを読み込んだ後で，255 で割りピクセル値を 0〜1 化する (18，19 行目)．20〜21 行目の np_utils.to_categorical(y_train, nb_classes) のところでカテゴリー情報を one-hot 表現[20]に変換している．最初の 2 回の畳み込み (29〜30，35 行目) は same (＝ゼロパディング) とし，特徴マップの大きさを変えない．多クラス分類であるので softmax 関数を確率を出力する尤度関数として用い，誤差に関しては RMSProp を最適化関数としている (46〜48 行目)．model.fit 関数で訓練データを分割し最適化を行うためのバッチサイズやデータセットの学習回数 (エポック数) を決める (55 行目)．本例では使用していないがコールバック関数 (callbacks) を使えば 1 エポック終了ごとにモデルを保存したり (ModelCheckpoint 関数)，モニタリング値の改善が見られなくなると訓練を終了させたり (EarlyStopping 関数)，TensorBoard で可視化することができる．

5.2.4 等級判別モデル─粒状を見分ける

前項の顔の判別に関するディープラーニングは形状の違いに着目した学習であったが，次に粒状のもの (玄米) に関して，不揃いなものや不純物が混入している割合から等級を判別する学習を試みる．玄米の等級は定められた基準に基づいて農産物検査員 (農林水産大臣登録) が目視で判定している．

さまざまな等級の玄米の実物サンプルを集めることは難しいので，農林水産省のウェブサイトに出ている画像や一般財団法人全国瑞穂食糧検査協会が販売している「農産物検査標準品等　米穀」の画像を学習データとして取り込む．

玄米の規格を決める基準を表 5.3 に掲載する．一般的な食用の水稲うるち米は 1〜3 等までの 3 種類しかないので，判定の難易度を上げるために 1〜3 等に加えて特等，特上がある醸造用米を対象とする．例えば 1 等の例では整粒率 70%，被害粒，死米，着色粒，もみおよび異物の含有率 15%以内が基準となる．水分の含有率を画像から判定できるのかは不明であるが，整粒，被害粒，死米，着色粒，も

---

[20]　[0,0,0,1,0,0] のような該当するユニットのみ 1 でそれ以外は 0 の 1 次元の配列のこと．

表 5.3 醸造用玄米の品位 (農林水産省ウェブサイトより)

	最低限度		最高限度						色
	整粒 (%)	形質	水分 (%)	被害粒，死米，着色粒，もみおよび異物					
				計 (%)	死米 (%)	着色粒 (%)	もみ (%)	異物 (%)	
特上	90	特上標準品	15	5	3	0	0.1	0	品種固有の色
特等	80	特等標準品	15	10	5	0	0.2	0.1	品種固有の色
1 等	70	1 等標準品	15	15	7	0.1	0.3	0.1	品種固有の色
2 等	60	2 等標準品	15	20	10	0.3	0.5	0.4	
3 等	45	3 等標準品	15	30	20	0.7	1	0.6	

みおよび異物の含有率については CNN の学習対象として異論はないだろう．はたしてコンピュータは正確に玄米等級の判別をすることができるのであろうか．

このディープラーニングをより実践的な米粒の等級判別状況に近づけるために，規格外の水稲うるち米の画像を 6 番目のカテゴリー jozoyo4 として加え，訓練データのカテゴリー数を 5 から 6 に増やした [21]．醸造用の代表的な品種，山田錦，五百万石との品種的な相違はあるが「規格外」の定義 [22] は同じであったので代用した．

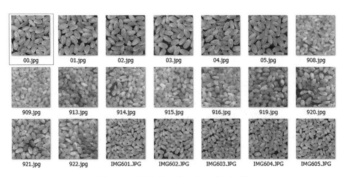

図 5.15 規格外玄米のサンプル画像

---

[21] 規格外品のサンプルの入手や米の等級検査に関して，都城市の株式会社日本信頼農業 長濱三成社長から有益なアドバイスをいただいた．
[22] 特上から 3 等までのそれぞれの品位に適合しない玄米であって，異種穀粒および異物を 50%以上混入していないもの．

5.2 CNN はどこまで万能なのか？   145

a. スクレイピングによる画像のダウンロード

最初に農林水産省のウェブサイトからディープラーニングに使えそうな画像を
スクレイピングでダウンロードする方法を紹介する (ソースコード 5.3[*23]).

ソースコード **5.3**　Python3.5 画像スクレイピング

```python
# -*- coding: utf-8 -*-
from bs4 import BeautifulSoup
import urllib.request as req
import os
import sys

def download(url):
    img = req.urlopen(url)
    localfile = open(os.path.basename(url), 'wb')
    localfile.write(img.read())
    img.close()
    localfile.close()

def main():
    # get html
    url = "http://www.maff.go.jp/j/seisan/syoryu/kensa/kome/k_kikaku
        /k_kaisetsu/"
    res = req.urlopen(url)

    # analyze html
    soup = BeautifulSoup(res, "lxml")

    # move from current directory to pics (directory) which stores
        photos
    os.chdir("pics")

    # search tags with width = "180"
    for link in soup.find_all(width = "180"):

        # set image url
        img_url = str(link.get("src"))
        print(img_url)

        # download images
        download("http://www.maff.go.jp"+img_url)

    print('画像のダウンロードが終了しました. ')

if __name__ == "__main__":
    main()
```

[*23]　# -*- coding: utf-8 -*-は Python2 系で日本語 (マルチバイト文字) が含まれている場合エラーになる
のを防ぐエンコード宣言. 3 系の新しいバージョンではこれを省略しても utf-8 が自動的に採用さ
れるので不要である.

Anaconda3 でインストール済みの Beautiful Soup (bs4) を使い，HTML の解析を行っている．インストール済みライブラリーは Anaconda のディレクトリ Lib の下にある site-packages で確認できる [*24)]．画像のサイズを示す width='180' を手がかりに画像の url を見つけ，urllib の request 関数で画像ファイルをダウンロードし，作成済のディレクトリ pics 下に保存していく．

b. 学習用画像サンプル数を増やすための画像の分割

農水省のウェブサイトには各等級の見本画像が 1 つずつしかないため，訓練画像データとして，一般財団法人 全国瑞穂食糧検査協会が販売している iPad 用アプリ「農産物検査標準品等　米穀」の画像を使用した．8 か所の農政局ごとに見本画像が各等級に 1 つずつ用意されている．それでも訓練用のデータ数としては少なすぎるので画像を分割し，データを水増しする．フリーウェアの「画像分割くん」[*25)] を使って 25 分割し，米粒だけが写っている中心の 9 画像 (太い白線で囲んだ部分) を使用した (図 5.17)．攪拌されているものであるが，元画像を分割するので，小さく分割された各領域での偏りは避けられず，精度に限界があること

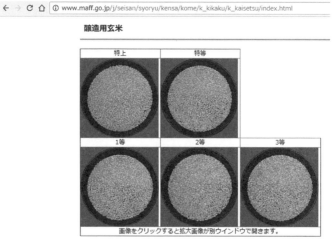

図 5.16　農水省のウェブサイトの醸造用玄米の等級別サンプル画像

[*24)]　もし，必要なライブラリーがなければ，pip を使いインストールする．pip がインストール済みかの確認は，コマンドプロンプト上で pip --version と入力すればよい．インストール済みであれば pip 9.0.1 from c:\users\ユーザー名\anaconda3\lib\site-package (Python3.5) のような表示が返ってくる．アップグレードは pip --upgrade pip と入力すればよい．

[*25)]　cacaosoft.webcrow.jp/software/cut.html

5.2 CNN はどこまで万能なのか？　　　　　　　　　　　　　　　　　　　　147

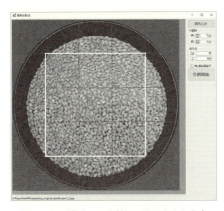

図 5.17 画像を 25 分割し，その中から中央白枠内の 9 画像を使用する．

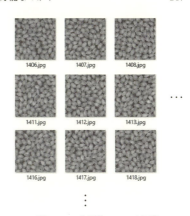

図 5.18 分割後のデータ画像

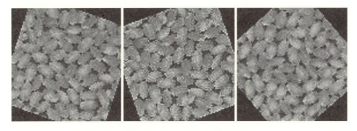

図 5.19 画像回転での注意，四隅が黒くなる．

を想定しなければならない．また訓練サンプル数に対してパラメータ数が大きくなるので過学習に陥りやすい点にも留意が必要となる．ソースコード 5.4 はデータの準備プログラム (Python3.5) である．

ソースコード 5.4　Python3.5 画像データの準備

```
1   from PIL import Image
2   import os, glob
3   import numpy as np
4   import random, math
5
6   # set target categories
7   root_dir = "./pics_category/"
8   categories = ["jozoyo1", "jozoyo2", "jozoyo3", "jozoyo4", "jozoyot", "jozoyotj"]
9   nb_classes = len(categories)
10  image_size = 96
11
12  X = [] # for image data
13  Y = [] # for label data
```

148　　　　　5. 金融への応用も期待される畳み込みニューラルネットワーク

```
14
15    def add_sample(cat, fname, is_train):
16        img = Image.open(fname)
17        img = img.convert("RGB") # change color mode
18        img = img.resize((image_size, image_size)) #change image size
19        data = np.asarray(img)
20        X.append(data)
21        Y.append(cat)
22        if not is_train: return
23        # add image rotated
24        for ang in range(-90, 90, 90):
25            img2 = img.rotate(ang)
26            data = np.asarray(img2)
27            X.append(data)
28            Y.append(cat)
29            # flip horizontal
30            img2 = img2.transpose(Image.FLIP_LEFT_RIGHT)
31            data = np.asarray(img2)
32            X.append(data)
33            Y.append(cat)
34
35    def make_sample(files, is_train):
36        global X, Y
37        X = []; Y = []
38        for cat, fname in files:
39            add_sample(cat, fname, is_train)
40        return np.array(X), np.array(Y)
41
42    def main():
43        # collect files in each directory
44        allfiles = []
45        for idx, cat in enumerate(categories):
46            image_dir = root_dir + "/" + cat
47            files = glob.glob(image_dir + "/*.jpg")
48            for f in files:
49                allfiles.append((idx, f))
50
51        # shuffle data into training and testing
52        random.shuffle(allfiles)
53        th = math.floor(len(allfiles) * 7/9)
54        train = allfiles[0:th]
55        test  = allfiles[th:]
56        X_train, y_train = make_sample(train, True)
57        X_test, y_test = make_sample(test, False)
58        xy = (X_train, X_test, y_train, y_test)
59        np.save("./pics_category/rice_cat.npy", xy)
60        print("ok,", len(y_train))
61
62    if __name__ == "__main__":
63        main()
```

分類したカテゴリー ("jozoyo1", "jozoyo2", "jozoyo3", "jozoyo4", "jozoyot", "jozoy-

5.2 CNN はどこまで万能なのか？ 149

otj") ごとに画像データ，分類ラベルを numpy の ndarray に格納する [26]．学習
画像に角度を変えたり，左右反転させたりしたものを追加し学習用サンプル数を
増やす (図 5.18)．ただし，回転によって四隅が黒くなり学習に影響が出るので (図
5.19)，左右 90°回転とその反転画像のみを追加することとする (24〜34 行目)．52
行目以降でオリジナル画像データをランダムにシャッフルし，その中から指定した
7/9 (約 78%) を訓練用データ，残りの約 22% を検証用データに振り分け，訓練用デー
タに上述の加工を施したサンプルデータを追加し，rice_cat.npy という numpy
array 型で保存する (59 行目)．訓練データ数は 1,485 個，内訳は 1,400 (= 5 クラ
ス ×8 農政局 ×7 画像 ×5 アングル (元データ，左 90°回転，右 90°回転とそれら
の左右反転)) + 85 (= 規格外クラス 17 画像 (≒ 22 × 7/9) ×5 アングル) である．

ソースコード 5.5 は玄米等級判定学習プログラム (Python3.5) である [27]．

ソースコード 5.5　Python3.5 玄米等級学習プログラム (rice_keras.py)[28,29,30,31]

```
 1   from keras.models import Sequential
 2   from keras.layers import Convolution2D, MaxPooling2D,
         AveragePooling2D
 3   from keras.layers import Activation, Dropout, Flatten, Dense
 4   from keras.callbacks import EarlyStopping
 5   from keras.utils import np_utils
 6   from keras.regularizers import l2, activity_l2
 7   from keras.optimizers import SGD
 8   from keras.utils.visualize_util import plot
 9   from keras.layers.advanced_activations import LeakyReLU
10
11   import numpy as np
12   import pandas as pd
13   import matplotlib.pyplot as plt
14   import os
15   import time
16
17   start_time = time.time()
18
19   # set categories, size, etc.
20   root_dir = "./pics_category/"
21   result_dir = "./result_dir"
22   categories = ["jozoyo1", "jozoyo2", "jozoyo3", "jozoyo4", "jozoyot
         ", "jozoyotj"]
```

[26]　便宜上 "jozoyo4" としているものは前述の水稲うるち米の規格外品のことである．
[27]　Keras で TensorFlow をバックエンドで動かしている．
[28]　Keras2 では Convolution2D → Conv2D(8,(4,4), padding='valid', kernel_regularizer=l2(0,0001)⋯)
　　　とする (2，42，46，48 行目)．
[29]　Keras2 では activity_l2 は削除 (l2 と同じため．6 行目)．
[30]　2017 年 2 月 28 日に名称変更されたので，以降は keras.utils.vis_utils, plot → plot_model とする
　　　(8 行目)．

150 5. 金融への応用も期待される畳み込みニューラルネットワーク

```
23    nb_classes = len(categories)
24    image_size = 96
25
26    def main():
27        X_train, X_test, y_train, y_test = np.load("./pics_category/
              rice_cat_wKikakugai.npy")
28        # covert data into 0-1
29        X_train = X_train.astype("float") / 255
30        X_test  = X_test.astype("float") / 255
31        y_train = np_utils.to_categorical(y_train, nb_classes)
32        y_test  = np_utils.to_categorical(y_test, nb_classes)
33        # training and evaluation
34        model=model_train(X_train, y_train)
35        model_eval(model, X_test, y_test)
36
37    # build model
38    def build_model(in_shape):
39        model = Sequential()
40        model.add(Convolution2D(8, 4, 4,
41          border_mode='valid', W_regularizer=l2(0.0001),
42          input_shape=in_shape))
43        model.add(Activation('relu'))
44        model.add(MaxPooling2D(pool_size=(4, 4)))
45        model.add(Dropout(0.25))
46        model.add(Convolution2D(8, 4, 4, border_mode='valid',
              W_regularizer=l2(0.0001)))
47        model.add(Activation('relu'))
48        model.add(Convolution2D(8, 4, 4))
49        model.add(Activation('relu'))
50        model.add(AveragePooling2D(pool_size=(4, 4)))
51        model.add(Flatten())
52        model.add(Dense(256))
53        model.add(Dense(128))
54        model.add(Activation('relu'))
55        model.add(Dense(nb_classes))
56        model.add(Activation('softmax'))
57        model.compile(loss='categorical_crossentropy',
58          optimizer='adam', metrics=['accuracy'])
59        plot(model, to_file = 'model.png')
60        return model
61
62    # training model
63    def model_train(X, y):
64        model = build_model(X.shape[1:])
65        model.summary()
66        hist = model.fit(X, y, batch_size=33, nb_epoch=300)
67
68        # save model
69        hdf5_file = "./pics_category/rice-model.hdf5"
70        model.save_weights(hdf5_file)
71
72        # plot result
```

---

*31) Keras2 では，nb_epoch → epochs=300 とする (66 行目).

5.2 CNN はどこまで万能なのか？ 151

```
73      fig1 = plt.figure()
74      ax1 = fig1.add_subplot(1,1,1)
75      ax1.plot(hist.history['loss'])
76
77      # save figure
78      fig1.savefig('loss.png')
79
80      # plot result
81      fig2 = plt.figure()
82      ax2 = fig2.add_subplot(1,1,1)
83      ax2.plot(hist.history['acc'])
84
85      # save figure
86      fig2.savefig('acc.png') # plt.savefig('acc.png')
87      return model
88
89  # model evaluation
90  def model_eval(X, y):
91      score = model.evaluate(X, y)
92      print('loss=', score[0])
93      print('accuracy=', score[1])
94      print (time.time()-start_time)
95
96  if __name__ == "__main__":
97      np.random.seed(100)
98      main()
```

ソースコード 5.4，5.5 を置いたディレクトリの下に pics_category というフォルダーがあり，その中のカテゴリー名 jozoyo1, jozoyo2, jozoyo3, jozoyo4, jo-zoyot, jozoyotj のフォルダーにカテゴリーごとの画像データが格納されている．np_utils.to_categorical(y_train, nb_classes) (31〜32 行目) のところでカテゴリー情報を one-hot 表現に変換している．最初の 2 回の畳み込み (40〜42，46 行目) は valid (= 通常のパディング) で行うので特徴マップは小さくなる．多クラス分類であるので softmax 関数を尤度関数として使い，サンプルの誤差に関しては adam*32) を最適化関数としている．また，plot でモデル構造を画像として保存している (56〜59 行目)．パラメータの初期値が乱数により決定されるため，その変動を抑制するために乱数のシードを固定している (97 行目．ただし乱数のシードを固定しても，cuDNN を使用すると結果が異なる点には留意が必要である)．

プーリングにおいて Max ではなく Average を使うことで正解率の改善が見られたため，粒状のものの均質性を判定するケースでは Average を選択するほうが

---

*32)　adaptive moment estimation の略．Kingma and Ba[74].

表 5.4 玄米画像の等級判別 (規格外もいれて 6 クラス判別) モデルの正解率 (%) に見るドロップアウトの効果

エポック (回)	ドロップアウト無	ドロップアウト有	Flatten 後のみ ドロップアウト有	Flatten 前のみ ドロップアウト有
100 訓練データ	72	48	49	54
〃 検証データ	44.7	53	43.5	42.35
300 訓練データ	100	71	94	90
〃 検証データ	44.7	36.47	48.2	54.1

よいと思われる.

ドロップアウトに関しては, 一般的にはエポック数の増加に伴う過学習を抑制し正解率を上げる効果が期待される. しかしながら, 表 5.4 の通り, "ドロップアウト有" モデルではエポック 100 回から 300 回への増加に対し, 検証データの正解率が 53% から 36.47% へと低下し過学習となった. ただしエポック 100 回の中では本モデルが検証データに対する正解率が最も高かった. 訓練データの正解率はエポック数を上げれば上昇するが, なんらかのドロップアウトを入れたモデルはエポック 300 回では 100% の正解率には到達できなかった. Flatten 後のみ, あるいは Flatten 前のみドロップアウトを入れたモデルでは, エポック数を上げると検証データの正解率も上がるので, この段階では過学習にはなっていない[*33].

ちなみに学習回数 (エポック) が 300 回を超えていくと訓練データの正解率は一様に 100% となるが, 検証データの正解率は 50% より上昇せず頭打ちとなり, 過学習の傾向が強まってくる. そもそも本例の場合分割した画像を使っているため, 各画像のデータが帰属する全体像の等級と完全に一致することは保証されていない. つまり分割された訓練データは判定を平均化すれば正解に近いものとなるはずだが, 個々にはばらつきがあり, 帰属する等級と異なる判定が混在していると考えられる. その確認のためにスクレイピングした農林水産省のウェブサイトの画像を分割したもの (図 5.20, 図 5.21) をテストデータとしてモデルの判別能力を見ていく.

使用するモデルは, 検証データへの正解率が 50% を超えたエポック 100 回での "Flatten 後のみドロップアウト有" モデル (100F 後 DO モデル) とエポック 300 回

[*33] GeForce GTX 1080 による学習時間はエポック 300 回で約 23 分, モデルのパラメータ数は 69,150, パラメータファイルは約 290 KB.

5.2 CNN はどこまで万能なのか？

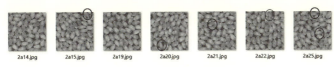

図 5.20 jozoyot (特等) のテストデータ

表 5.5 jozoyot (特等) のテストデータに対する 100F 後 DO モデルの判定結果

入力	等級の判定	基準価格	確率						
			特上	特等	1 等	2 等	3 等	4 等
2a14.jpg	特上	1,200	**0.467**	0.412	0.106	0.011	0.003	0.000
2a15.jpg	特等	1,100	0.425	**0.441**	0.119	0.012	0.004	0.000
2a19.jpg	特上	1,200	**0.474**	0.413	0.101	0.010	0.003	0.000
2a20.jpg	特等	1,100	0.430	**0.447**	0.109	0.010	0.003	0.000
2a21.jpg	特上	1,200	**0.472**	0.433	0.086	0.007	0.002	0.000
2a22.jpg	特上	1,200	**0.480**	0.397	0.100	0.018	0.005	0.000
2a25.jpg	特等	1,100	0.344	**0.425**	0.196	0.027	0.007	0.000

表 5.6 jozoyot (特等) のテストデータに対する 300F 前 DO モデルの判定結果

入力	等級の判定	基準価格	確率						
			特上	特等	1 等	2 等	3 等	4 等
2a14.jpg	特上	1,200	**0.959**	0.039	0.001	0.001	0.000	0.000
2a15.jpg	特等	1,100	0.218	**0.780**	0.001	0.000	0.000	0.000
2a19.jpg	特等	1,100	0.483	**0.500**	0.012	0.005	0.000	0.000
2a20.jpg	特等	1,100	0.336	**0.635**	0.029	0.000	0.000	0.000
2a21.jpg	特上	1,200	**0.796**	0.201	0.003	0.000	0.000	0.000
2a22.jpg	特等	1,100	0.331	**0.666**	0.000	0.001	0.000	0.000
2a25.jpg	特等	1,100	0.429	**0.541**	0.029	0.000	0.000	0.000

での"Flatten 前のみドロップアウト有"モデル (300F 前 DO モデル) の 2 つである．学習したモデルで特等 (上から 2 番目) と 1 等 (上から 3 番目) に帰属する 2 つのテストデータについて，それぞれ分類結果を表示させると表 5.5〜5.8 のように判定が複数の等級にまたがる[*34]．なお，見分けがつきやすいよう等級に 1,200 円 (特上, jozoyotj), 1,100 円 (特等, jozoyot), 1,000 円 (1 等, jozoyo1), 900 円 (2 等,

---

[*34] 等級判定テスト用プログラムはソースコード 5.6 を参照．

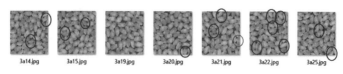

図 5.21 jozoyo1 (1 等) のテストデータ

表 5.7 jozoyo1 (1 等) のテストデータに対する 100F 後 DO モデルの判定結果

入力	等級の判定	基準価格	特上	特等	1 等	2 等	3 等	4 等
3a14.jpg	特等	1,100	0.158	**0.232**	0.226	0.185	0.199	0.000
3a15.jpg	特等	1,100	0.363	**0.400**	0.191	0.036	0.010	0.000
3a19.jpg	特上	1,200	**0.486**	0.422	0.083	0.006	0.002	0.000
3a20.jpg	特等	1,100	0.349	**0.414**	0.193	0.035	0.009	0.000
3a21.jpg	特等	1,200	0.166	**0.383**	0.349	0.078	0.024	0.000
3a22.jpg	1 等	1,000	0.059	0.265	**0.356**	0.259	0.061	0.000
3a25.jpg	1 等	1,000	0.090	0.393	**0.409**	0.082	0.026	0.000

表 5.8 jozoyo1 (1 等) のテストデータに対する 300F 前 DO モデルの判定結果

入力	等級の判定	基準価格	特上	特等	1 等	2 等	3 等	4 等
3a14.jpg	特上	1,200	**0.952**	0.034	0.000	0.001	0.001	0.000
3a15.jpg	特等	1,100	0.351	**0.484**	0.164	0.000	0.000	0.000
3a19.jpg	特上	1,200	**0.571**	0.424	0.004	0.000	0.000	0.000
3a20.jpg	特上	1,200	**0.884**	0.086	0.030	0.000	0.000	0.000
3a21.jpg	1 等	1,000	0.262	0.048	**0.688**	0.000	0.001	0.000
3a22.jpg	2 等	900	0.000	0.006	0.282	**0.711**	0.000	0.000
3a25.jpg	1 等	1,000	0.000	0.141	**0.859**	0.000	0.000	0.000

jozoyo2), 800 円 (3 等, jozoyo3), 700 円 (規格外, jozoyo4) と 1 kg あたりの価格も設定した. 図 5.20, 5.21 で ○ で囲っているのは未熟粒と思われるものである. [jozoyo1, jozoyo2, jozoyo3, jozoyo4, jozoyot, jozoyotj] の配列で各等級に対する確率が出力される.

図 5.20 は上から 2 番目のクラスの jozoyot (特等) の 7 つのテスト画像であるが, 100F 後 DO モデルでの [特上, 特等, 特上, 特等, 特上, 特上, 特等] という判定

5.2 CNN はどこまで万能なのか？ 155

(表 5.5) に対し，300F 前 DO モデルでは [特上，特等，特等，特等，特上，特等，特等] という判定 (表 5.6) となり，3 番目と 6 番目の判定が分かれたが，確率を見ればそれぞれ次点候補であることがわかる．図 5.21 はさらにその 1 つ下の jozoyo1 (1 等) の画像であるが，100F 後 DO モデルでの [特等，特等，特上，特等，特等，1 等，1 等] という判定 (表 5.7) に対し，300F 前 DO モデルでは [特上，特等，特上，特上，1 等，2 等，1 等] という判定 (表 5.8) となり，1，4，5，7 番目の 4 画像で判定が分かれる結果となった．○の数が多いほど等級が下がる傾向にあるので 300F 前 DO モデルのほうが○で印した未成熟米の数を反映できている．

つまり分割された画像データの等級分布の中位が所属する等級に近いはずなので，そのようなばらつきのある状況下で学習の正解率が 50%で頭打ちとなることには一定の合理性がある．逆にいえば正解率が 100%になるほうが，そもそもあってはならないということになる．これらのサンプルには緑色がかった着色米が混入している．青未熟米と正常な活青米(いきあおまい)を見極められるのかについても，図 5.21 の 1 等のサンプルで着色米が入っている画像も特上や特等の判定になっていることより，できている可能性がある．

本例のように元画像データ群が分割されたことにより元の教師ラベルと合致しにくい，あいまいな品質となってしまう状況でも，ディープラーニングによる学習が有効であるとすれば，ビッグデータがない領域へもディープラーニングの応用が期待できる．むろん本例でもサンプル画像データが大量にあれば，分割することなく実用化に向けてより精度を高めることができるだろう．いずれにせよ人間が目視で行っている等級判定をディープラーニングで自動化することのハードルはそれほど高くはないのかもしれない [*35]．

ソースコード 5.6 はソースコード 5.5 を import し，その学習結果を使った等級判定テスト用プログラムであり，rice-grade-checker.py として保存しておく．コマンドプロンプトを起動し，プログラムが置いてあるディレクトリに移動して，

```
python rice-grade-checker.py XXXXX.jpg YYYYY.jpg
```

のように本プログラムと等級を判定したい画像ファイル名を指定し実行する [*36]

[*35] 実用化されたあかつきには，正方形の検定皿の方がディープラーニングに適しているので，円形の検定皿は使われなくなるだろう．

[*36] 図 5.28 の先頭行参照．

156   5. 金融への応用も期待される畳み込みニューラルネットワーク

(判定したい画像は同じディレクトリに置いておくこと) と, 入力された画像ファイルを取り込み, 判定した等級, 価格, 等級ごとの確率をコンソール上で表示する. また画像と判定などを HTML 型式でも表示する [*37)]. ソースコード 5.7 は, 判別したい画像ファイル群をディレクトリから読み込み, 結果を csv ファイルに保存するプログラム例である.

ソースコード **5.6** Python3.5 玄米等級判定プログラム (rice-grade-checker.py)

```
1   import rice_keras as rice
2   import sys, os
3   from PIL import Image
4   import numpy as np
5
6   if len(sys.argv) <= 1:
7       print("rice-grade-checker.py")
8       quit()
9
10  image_size = 96
11  categories = ["jozoyo1", "jozoyo2", "jozoyo3", "jozoyo4", "jozoyot
        ", "jozoyotj"]
12  price = [1000, 900, 800, 700, 1100, 1200]
13
14  # data into Numpy
15  X = []
16  files = []
17  for fname in sys.argv[1:]:
18      img = Image.open(fname)
19      img = img.convert("RGB")
20      img = img.resize((image_size, image_size))
21      in_data = np.asarray(img)/255
22      X.append(in_data)
23      files.append(fname)
24  X = np.array(X)
25
26  # build model
27  model = rice.build_model(X.shape[1:])
28  model.load_weights("./pics_category/rice-model.hdf5")
29
30  # evaluate test data
31  html = ""
32  pre = model.predict(X)
33  for i, p in enumerate(pre):
34      y = p.argmax()
35      print("+ 入力:", files[i])
36      print("| 玄米の等級:", categories[y])
37      print("| 基準価格:", price[y])
38      print("| 確率:", p)
39      html += """
```

[*37)] フォルダー内にできている rice-result.html ファイルをクリックする. クジラ飛行机[75] を参考にさせていただいた.

5.2 CNN はどこまで万能なのか？　　　　　　　　　　　　　　*157*

```
40          <h3>入力:{0}</h3>
41          <div>
42            <p><img src="{1}" width=300></p>
43            <p>玄米の等級:{2}</p>
44            <p>基準価格:{3}yen</p>
45          </div>
46        """.format(os.path.basename(files[i]),
47            files[i],
48            categories[y],
49            price[y])
50
51    # save results for html
52    html = "<html><body style='text-align:center;'>" + \
53        "<style> p { margin:0; padding:0; } </style>" + \
54        html + "</body></html>"
55    with open("rice-result.html", "w") as f:
56        f.write(html)
```

ソースコード **5.7**　Python3.5 玄米等級判定プログラム 2 (ディレクトリ内画像ファイル読み込み用)

```
1   import rice_keras as rice
2   import os, glob
3   from PIL import Image
4   import numpy as np
5   import csv
6
7   image_size_w = 96
8   image_size_h = 96
9   categories = ["jozoyo1", "jozoyo2", "jozoyo3", "jozoyo4","jozoyot",
        "jozoyotj"]
10  data_directory = './pics/test_data/'
11
12  Z = [] # for image data
13  z = [] # result data
14  I = [] # index
15  #cat=[] # result data
16  #hantei_result=[] # result data
17
18  files = glob.glob(data_directory + "/*.jpg")
19
20  for idx, f in enumerate(files):
21      img = Image.open(f)
22      img = img.convert("RGB")
23      img = img.resize((image_size_w, image_size_h))
24      in_data = np.asarray(img)/255
25      Z.append(in_data)
26      I.append(idx)
27
28  Z = np.array(Z)
29  I = np.array(I)
30
31  model = rice.build_model(Z.shape[1:])
32  model.load_weights("./pics_category/rice-model.hdf5")
33
```

```
34  pre = model.predict(Z)
35
36  for i, p in enumerate(pre):
37      hantei = p.argmax()
38      z.append(hantei)
39  #   cat.append(categories[hantei])
40
41  with open('result.csv','a', newline="") as f:
42      writer=csv.writer(f)
43      writer.writerow(I)
44      writer.writerow(z)
```

5.2.5 価格推定モデル—ペットだってプライシングできる

ペットショップのウェブサイトにはイヌやネコ，ウサギなどの画像と価格が掲載されている．それらを前述のスクレイピングの要領でダウンロードし，集めた画像データと価格を学習し価格推定モデルをつくる．本例ではウサギの価格を推定してみることとした．集めた画像データ数は 225 枚であるが，1 羽あたり 3 ポーズ程度の写真があるので，ウサギの数としては 70 羽程度である．まず価格の分

表 5.9 価格帯

5 つの価格帯 (円)	画像データ数
Low 30,000 - 49,999	31
Medium 50,000 - 69,999	66
High 70,000 - 89,999	63
Very High 90,000 - 109,999	49
Extreme 110,000 -	16

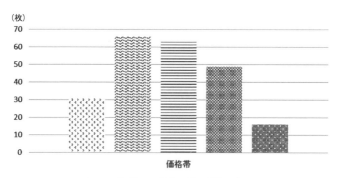

図 5.22 ウサギ画像の価格帯頻度

5.2 CNN はどこまで万能なのか？

布状況であるが，レンジは 32,400 円〜226,800 円，5 つのバンドに分けて示すと表 5.9 のようになる．

a. 価 格 推 定

まず活性化関数に ReLU を使い，価格データもそのままで 10〜1,000 エポックのディープラーニングを行ってみたが，100〜300 エポックでは精度が上がらず，価格の平均誤差も 20,000 円以上と大きかった．1,000 エポックで 6,000 円台まで収束した (表 5.10)．

次に ReLU の形状に合わせ，学習ターゲットの価格を，市場価格から市場価格のフロア値 (30,000 円) を差し引いたものに変更した (図 5.24) ところ，表 5.11 のように平均価格誤差の収束に改善が見られた．

この改良 ReLU モデルに，元データにない新規のウサギの画像を試してみる．

表 5.10　ターゲット価格調整前の ReLU モデルの収束

エポック (回)	平均価格誤差 (円)
10	90,190
50	34,228
100	27,274
200	23,256
300	26,762
1,000	6,885

表 5.11　ターゲット価格を調整した改良 ReLU モデルの収束

エポック (回)	平均価格誤差 (円)
10	39,917
50	31,554
100	14,619
200	8,899
300	7,320
1,000	7,185

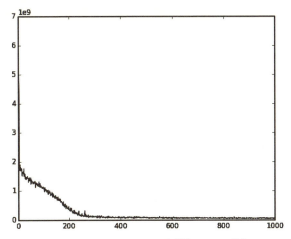

図 5.23　ReLU モデルの二乗誤差 (loss) の推移

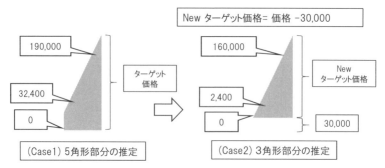

図 5.24 改良 ReLU モデル (右)
ターゲット価格を基準価格 30,000 円を引いた Case2 へ変更

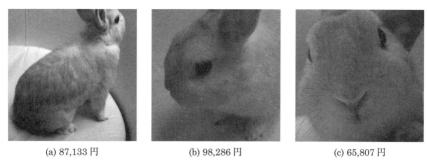

図 5.25 同じウサギの 3 ポーズ (改良 ReLU モデルによる推定価格)

同じウサギの 3 ポーズであるがコンピュータにはこれらが同じウサギであるという認識はない．1 枚目の右向き／ほぼ全身／耳一部範囲外／ややブレありの画像が 87,133 円，2 枚目の左向き顔アップ／片耳の一部のみの画像は 98,286 円，3 枚目の顔正面アップ／両耳はほぼ隠れて見えずの画像が 65,807 円と，画像ごとに価格を推定する．ペットのウサギの価格はかわいさで決まるといわれている．3 枚の画像について，かわいく見えるポーズほど価格が高くなっているだろうか．もし，そうであればコンピュータが人間の「美意識」を学習できた可能性がある．

b. 規格外のものをどのように取り込むか

さて，ディープラーニングには致命的な弱点がある．規格外のサンプルを与えても，機械的に求められた判別をしてしまうのである．本項の場合であれば，人間の顔や，鉛筆の画像でもコンピュータはためらうことなく，文字通り機械的に推定価格を出す．これはウサギの価格推定用に開発したプログラムであるから，それ

以外のものを推定する状況はないという考え方もあるが，人工知能が実用化された場合に規格外のものが混入する可能性は常にあるだろう．それをうまく検知できれば安全な運用につながることにもなる．規格外のものをいかに認識させるか，という課題について実験を行った．方法は画像的に規格外の両極端にあると思われる白い画像 [255,255,255] と黒い画像 [0,0,0] をともに▲ (マイナス) 30,000 とし[*38]，訓練データに追加するというものである．白い画像と黒い画像は，30,000 円を控除しない最初の ReLU モデル (エポック 1,000 回) では，それぞれ 28,068 円，165,808 円，鉛筆の画像は 123,254 円という推定価格．改良 ReLU モデルでもほぼ同様の推定価格となった．これらは訓練データに白い画像や黒い画像を含めていないモデルで算出したものである．試しに改良 ReLU モデルに白い画像，黒い画像をそれぞれ，▲ 30,000 [*39] とし，学習データに追加した．結果は表 5.12，図 5.26 の通り，1,000 エポックでも平均誤差が 13,383 円と収束が遅く，2 つの異質な画像が学習に大きく影響を及ぼしたようだ．1,000 エポックでできあがっ

表 5.12　黒と白の画像を含めて学習した改良 ReLU モデルの収束

エポック (回)	平均価格誤差 (円)
1,000	13,383

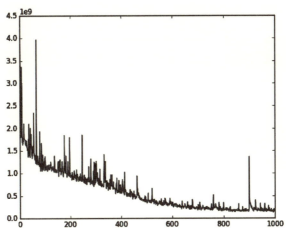

図 5.26　黒と白の画像を追加した ReLU モデルの二乗誤差 (loss) の推移

[*38]　30,000 円を基準値として差し引いた差額で表現しているため．
[*39]　つまりできあがり 0 円である．

たモデルで推定価格を出してみると，白い画像 30,000 円，黒い画像 30,000 円となった．評価関数が ReLU のため，推定部分で 0 円 (できあがり 30,000 円) を下回らなかったものと思われる．

そこで基準価格 30,000 円以下のマイナスゾーンを許容させるために評価関数を ReLU から Leaky ReLU に変更する．Leaky ReLU は ReLU のバリエーションで，負の領域を容認するモデルの 1 つである．マイナスの値域の傾き係数は通常，0.01 などの小さめの値を設定することが多い．ここでは 0.05 に設定した (学習プログラムコードはソースコード 5.8 を参照 [*40,*41])．

表 5.13 のように Leaky ReLU での学習結果は 1,000 エポック繰り返したところでほぼ収束した [*42]．できたモデルで再度テストしたところ，白い画像が ▲ 10,949 (できあがり 19,051 円)，黒い画像が ▲ 26,072 (できあがり 3,928 円) と 0 を下回

表 5.13　Leaky ReLU モデルの収束

エポック (回)	平均価格誤差 (円)
10	40,838
50	32,117
100	10,549
200	19,342
300	12,246
1,000	6,288

(a) 黒い画像 3,928 円　　(b) 白い画像 19,051 円　　(c) 鉛筆の画像 22,423 円
　　　　　　　　　　　(紙面上黒枠で囲っている．)

図 5.27　規格外のもの (Leaky ReLU モデルによる推定価格)

[*40)] 傾き計数を誤差逆伝搬法で決める PReLU や一様乱数でランダムに決める RReLU などもある．
[*41)] Keras で TensorFlow をバックエンドで動かしている．
[*42)] GeForce GTX 1080 による学習時間は約 25 分．モデルのパラメータ数は 140,285,185．本例はモデル全体を保存しているためファイルの容量は約 1,096 MB と大きい．

5.2 CNN はどこまで万能なのか？ 163

```
C:\Users\tenli\Anaconda3\yasu_scripts\rabbit>python rabbit-pricing-tool.py black.jpg white.jpg pencil.jpg rei1.jpg rei2.jpg rei3.jpg kota1.jpg
Using TensorFlow backend.
[ c:\tf_jenkins\home\workspace\release-win\device\gpu\os\windows\tensorflow\stream_executor\dso_loader.cc:128] successfully opened CUDA library cublas64_80.dll locally
[ c:\tf_jenkins\home\workspace\release-win\device\gpu\os\windows\tensorflow\stream_executor\dso_loader.cc:128] successfully opened CUDA library cudnn64_5.dll locally
[ c:\tf_jenkins\home\workspace\release-win\device\gpu\os\windows\tensorflow\stream_executor\dso_loader.cc:128] successfully opened CUDA library cufft64_80.dll locally
[ c:\tf_jenkins\home\workspace\release-win\device\gpu\os\windows\tensorflow\stream_executor\dso_loader.cc:128] successfully opened CUDA library nvcuda.dll locally
[ c:\tf_jenkins\home\workspace\release-win\device\gpu\os\windows\tensorflow\stream_executor\dso_loader.cc:128] successfully opened CUDA library curand64_80.dll locally
[ c:\tf_jenkins\home\workspace\release-win\device\gpu\os\windows\tensorflow\core\common_runtime\gpu\gpu_device.cc:885] Found device 0 with properties:
name: GeForce GTX 1080
major: 6 minor: 1 memoryClockRate (GHz) 1.7335
pciBusID 0000:03:00.0
Total memory: 8.00GiB
Free memory: 6.66GiB
[ c:\tf_jenkins\home\workspace\release-win\device\gpu\os\windows\tensorflow\core\common_runtime\gpu\gpu_device.cc:906] DMA: 0
[ c:\tf_jenkins\home\workspace\release-win\device\gpu\os\windows\tensorflow\core\common_runtime\gpu\gpu_device.cc:916] 0:   Y
[ c:\tf_jenkins\home\workspace\release-win\device\gpu\os\windows\tensorflow\core\common_runtime\gpu\gpu_device.cc:975] Creating TensorFlow device (/gpu:0) -> (device: 0, name: GeForce GTX 1080, pci bus id: 0000:03:00.0)
入力画像: black.jpg
推定価格: [ 3829.07226562] 円
入力画像: white.jpg
推定価格: [ 19051.23046875] 円
入力画像: pencil.jpg
推定価格: [ 22423.12109375] 円
入力画像: rei1.jpg
推定価格: [ 63529.171875] 円
入力画像: rei2.jpg
推定価格: [ 115997.234375] 円
入力画像: rei3.jpg
推定価格: [ 80458.265625] 円
入力画像: kota1.jpg
推定価格: [ 109202.6953125] 円
C:\Users\tenli\Anaconda3\yasu_scripts\rabbit>_
```

図 5.28 rabbit-pricing-tool.py でテスト画像をプライシングする．

(a) 犬 109,202 円　　　　　　　(b) うさぎ別ポーズ 75,032 円

図 5.29 Leaky ReLU モデルによる推定価格

る値段を推定した．訓練データに入っていない鉛筆の画像も ▲ 7,577 (できあがり 22,423 円) と，同様に基準価格を下回る価格となったので，一応推定された価格から異質なものを検知できる可能性がある．検証は足りないが，このような学習において Leaky ReLU が有効であると思われる．

Leaky ReLU モデルで先ほどのサンプル (図 5.26) のウサギの推定値段を出して

みると，画像 (a) が 87,133 円→ 63,529 円，画像 (b) は 98,286 円→ 115,997 円，画像 (c) が 65,807 円→ 80,458 円と変化した．試しにイヌの画像を推定させると 109,202 円と出た．「ウサギの価格推定モデル」としては望ましくない結果だが，ウサギとイヌ程度の差であれば価格に違和感はない．先ほどの「美意識」に鑑みれば「10 万円のウサギと同じぐらいかわいいイヌである．」という解釈になるのであろうか．

ソースコード **5.8**　Python3.5 keras_rabbit_leakyRelu.py[*43,*44]

```python
import os
import pandas as pd
import numpy as np
from PIL import Image
from keras.preprocessing.image import ImageDataGenerator
from keras.models import Sequential, load_model
from keras.layers.core import Activation, Flatten, Dense, Dropout
from keras.layers.convolutional import Convolution2D, MaxPooling2D
from keras.layers.advanced_activations import LeakyReLU
import matplotlib.pyplot as plt
import time

start_time = time.time()
np.random.seed(10)

# load price table
price_path = 'price_diff.csv'

price_table = pd.read_csv(price_path)
price_table.columns = ['Name', 'Price']
price_table.index = price_table['Name']

# list all the files in the directory
paths = os.listdir('./pics')

trX =[]
trY =[]
# generate dataset
for path in paths:
    # store name without ''jpg''
    name = path.replace('.jpg', '')
    path = 'pics/' + path

    # convert jpg data to numpy array (float)
    img = Image.open(path)
    img = img.resize((96,96))
    img_array = np.array(img, 'f') / 255

    # get price data
    price = float(price_table.T[name][1])

    trX.append(img_array)
```

5.2 CNN はどこまで万能なのか？ 165

```
43      trY.append(price)
44
45      print (name)
46
47  # generate image data for training
48  trX = np.array(trX)
49  trY = np.array(trY)
50
51  datagen = ImageDataGenerator()
52  datagen.fit(trX)
53
54  # set model
55  model = Sequential()
56  model.add(Convolution2D(128,3,3,border_mode='same',input_shape
        =(96, 96, 3)))
57  model.add(Activation('relu'))
58
59  model.add(MaxPooling2D(pool_size=(2,2)))
60  model.add(Dropout(0.25))
61  model.add(Convolution2D(256,3,3,border_mode='same'))
62  model.add(Activation('relu'))
63  model.add(Convolution2D(512, 3, 3))
64  model.add(Activation('relu'))
65  model.add(MaxPooling2D(pool_size=(2,2)))
66  model.add(Dropout(0.25))
67  model.add(Flatten())
68  model.add(Dense(512))
69  model.add(LeakyReLU(alpha=0.05))
70  model.add(Dropout(0.5))
71  model.add(Dense(256))
72  model.add(LeakyReLU(alpha=0.05))
73  model.add(Dense(1))
74  model.add(LeakyReLU(alpha=0.05))
75
76  # compile model
77  model.compile(loss='mse', optimizer='adagrad')
78
79  # fit model
80  hist = model.fit_generator(datagen.flow(trX, trY, batch_size=45),
81                      samples_per_epoch=len(trX), nb_epoch=1000)
82  # save model
83  h5_file = "./rabbit-price-model.h5"
84  model.save(h5_file)
85
86  # plot result
87  fig = plt.figure()
88  ax1 = fig.add_subplot(1,1,1)
89  ax1.plot(hist.history['loss'])
90
```

*43) Keras2 では，ソースコード 5.5 と同様 Conv2D(128,(3,3), padding='same'…) など (8, 56, 61, 63 行目).

*44) Keras2 では，samples_per_epoch=len(trX) → steps_per_epoch=None, nb_epoch=1000 → epochs =1000 となる (81 行目).

166　　　5. 金融への応用も期待される畳み込みニューラルネットワーク

```
91    # save figure
92    plt.savefig('loss.png')
93
94    print (time.time()-start_time)
```

最初の 2 回の畳み込み (56, 61 行目) は 'same' (= ゼロパディング) とし，特徴
マップの大きさを変えない．価格推定であるので，出力は Leaky ReLU の値を使
用する．サンプルの誤差に関しては AdaGrad を最適化関数としている (77 行目).

プログラムファイルを置いたディレクトリの下に pics という名前のフォルダ
があり，その中に画像データと price_diff.csv という名前のプライスと JPG
ファイルの対応データシート *45) が格納されている.

ソースコード 5.9 は追加学習用のプログラムコードである.

ソースコード **5.9**　Python3.5 additional_training.py[*46,*47]

```
1     import os
2     import pandas as pd
3     import numpy as np
4
5     from PIL import Image
6     from keras.preprocessing.image import ImageDataGenerator
7     from keras.models import Sequential, load_model
8     from keras.layers.core import Activation, Flatten, Dense, Dropout
9     from keras.layers.convolutional import Convolution2D, MaxPooling2D
10    from keras.layers.advanced_activations import LeakyReLU
11    import matplotlib.pyplot as plt
12    import time
13
14    start_time = time.time()
15
16    # load price table
17    price_path = 'price_diff.csv'
18
19    price_table = pd.read_csv(price_path)
20    price_table.columns = ['Name', 'Price']
21    price_table.index = price_table['Name']
22
23    # get list
24    paths = os.listdir('./pics')
25
26    trX =[]
27    trY =[]
28    # generate dataset
29    for path in paths:
30        # store name without "jpg"
31        name = path.replace('.jpg', '')
```

---

*45)　csv 形式，基準価格 30,000 円を引いた価格差.

*46)　Keras2 では Conv2D. 以下ソースコード 5.5 と同じ (9 行目).

5.2 CNN はどこまで万能なのか？

```
32        path = 'pics/' + path
33
34        # convert jpg data to numpy array float. 0-1化.
35        img = Image.open(path)
36        img = img.resize((96,96))
37        img_array = np.array(img, 'f') / 255
38
39        # get price data
40        price = float(price_table.T[name][1])
41
42        trX.append(img_array)
43        trY.append(price)
44
45        print (name)
46
47    # generate image data for training
48    trX = np.array(trX)
49    trY = np.array(trY)
50
51    datagen = ImageDataGenerator()
52    datagen.fit(trX)
53
54    # load & set model
55    h5_file = "./rabbit-price-model.h5"
56    model = load_model(h5_file)
57
58    # compile model
59    model.compile(loss='mse', optimizer='adagrad')
60
61    # fit model
62    hist = model.fit_generator(datagen.flow(trX, trY, batch_size=45),
63                        samples_per_epoch=len(trX), nb_epoch=300)
64    # save model parameters
65    model.save(h5_file)
66
67    # plot result
68    fig = plt.figure()
69    ax1 = fig.add_subplot(1,1,1)
70    ax1.plot(hist.history['loss'])
71
72    # save figure
73    plt.savefig('loss.png')
74
75    print (time.time()-start_time)
```

　保存してある直前のパラメータ結果をモデルにアップロードし，学習推定を
続ける．hist に記録された推定誤差 loss の経過をグラフで確認するために画像
(loss.png) を保存する．

---

*47) Keras2 では, samples_per_epoch=len(trX) → steps_per_epoch=None, nb_epoch=300 → epochs=300
となる (63 行目).

168　　　5. 金融への応用も期待される畳み込みニューラルネットワーク

　ソースコード 5.10 はディープラーニングの学習結果を使った価格推定モデルである．コマンドプロンプトを起動し，プログラムが置いてあるディレクトリに移動し，

```
python rabbit-pricing-tool.py XXXXX.jpg YYYYY.jpg
```

のように本プログラムと価格を推定したい画像ファイル名を指定し実行する [*48]．

　推定したい画像を同じディレクトリに置いておくことで，入力された画像ファイルをそのまま取り込み推定価格を表示することができる．価格表示の際は，当初差し引いていたベース部分の 30,000 円を足し戻している．

ソースコード **5.10**　Python3.5 rabbit-pricing-tool.py

```
 1    from keras.models import Sequential, load_model
 2    import sys, os
 3    from PIL import Image
 4    import numpy as np
 5
 6    # get file names from command line
 7    if len(sys.argv) <= 1:
 8        print("rabbit-pricing-tool.py (no file?)")
 9        quit()
10
11    image_size = 96
12
13    # converted into numpy format
14    X = []
15    files = []
16    for fname in sys.argv[1:]:
17        img = Image.open(fname)
18        img = img.convert("RGB")
19        img = img.resize((image_size, image_size))
20        in_data = np.asarray(img) / 255
21        X.append(in_data)
22        files.append(fname)
23    X = np.array(X)
24
25    # load model
26    h5_file = "./rabbit-price-model.h5"
27    model = load_model(h5_file)
28
29    # predict price of the image
30    pre = model.predict(X)
31
32    i = 0
33    for y in pre[0:]:
34        #y = i(0)
```

[*48]　図 5.28 の先頭行参照．

```
35    print("入力画像:", files[i])
36    print("推定価格:", pre[i]+30000,"円")
37    i = i + 1
```

5.3 CNN で非金利収入予測モデルをつくる

5.3.1 表形式データの学習

2.2.4 項でブースティング木と比較した,手数料収入を予測する CNN モデルの構築手順について解説する.

2.2.4 項で説明した約 3 年分 (768 日分) の日次非金利収入データを画像データの形式に変換する.これを CNN で学習し,①当日までの 87 の説明変数から当日の非金利収入を推定するモデル (以下「当日モデル」) と②非金利収入を含む前日までの 88 変数から当日の非金利収入を推定するモデル (以下「前日モデル」) の 2 つのモデルを作成して,パフォーマンスを比較する.いずれのモデルも説明変数は 20 行 87 列の 2 次元配列データである.

さて,画像データの構造であるが,これまで説明してきたように CNN が取り扱う画像データは,縦横の 2 次元 × R,G,B のいわゆる 3 次元数値データである [*49].

例えば 5.2.3 項で使用したグレースケール画像の numpy array の一例は以下のような配列で,R,G,B が同じ値になっている.

```
1    array([[[ 29,   29,   29],
2            [  1,    1,    1],
3            [ 13,   13,   13],
4            ...,
5            [ 55,   55,   55],
6            [ 56,   56,   56],
7            [ 59,   59,   59]],
8            ....
9           [[  0,    0,    0],
10           [  0,    0,    0],
11           [  0,    0,    0],
12           ...,
13           [136,  136,  136],
14           [141,  141,  141],
15           [ 95,   95,   95]]], dtype=uint8)
```

[*49] 数値は 0〜255.

属性 shape でその配列の構造を出力すると，(60L,64L,3L) [50] と 3 次元 [51] となっていることが確認できる．表形式データ (2 次元) を画像データ (3 次元) として利用するために，まずこのグレースケールへの変換手順を簡単な例で説明する．

2 行 3 列の 2 次元の配列を考える．これは説明変数の時系列データで，2 次元スプレッドシートの情報を numpy array 化したものと想定する．

```
>>>   img = np.array([[1,2,3],[4,5,6]])
>>>   img
array([[1,  2,  3],
       [4,  5,  6]])
```

shape で 2×3 の配列であることを確認する．

```
>>> img.shape
  (2, 3)
```

これをベースに変数が 3 重複する，3×2×3 の配列をつくる．1 つの方法を次に示す．for ループで 1 列ずつの説明変数を 3 重複に増殖させる方法である．

```
>>> for i in np.arange(3):
        img_dummy = np.array([img[:,i],img[:  ,i],img[ :,i]])
        img_dummy.T
        if i == 0:       # 最初にできる array を転置
            img2 =img_dummy.T
        else:
            img2[ :  , i] = np.append(img2, img_dummy.T)
            # 親 array に続いて 3 重複した array を結合していく．
>>> img3 = img2.reshape((3,2,3))
        # 結合した array の shape を (3,2,3) の 3 次元に reshape する．
>>> img3
array([[[1,  1,  1],
        [4,  4,  4]],
       [[2,  2,  2],
        [5,  5,  5]],
       [[3,  3,  3],
        [6,  6,  6]]])
```

以降の実証分析では，1 次元のままのバージョン (ソースコード 5.11) で同様に学習ができるので，本節の計算結果は 3 次元化を行わない．3 次元 (もしくはそれ以上の次元) の配列を扱う際には，ソースコード 5.11 の 45 行目を前述のように変更すればよい．

---

[50] width, height, channel の順，L は long integer の意である．
[51] Python では rank (ランク) と呼ぶ．

5.3 CNN で非金利収入予測モデルをつくる   *171*

ソースコード **5.11** Python3.5 DerivaPL CNN model[*52]

```python
import os
import pandas as pd
import numpy as np
import matplotlib.pyplot as plt
import seaborn as sns
import time

from keras.models import Sequential, load_model, Model
from keras.layers.core import Activation, Flatten, Dense, Dropout
from keras.layers.convolutional import Convolution2D, MaxPooling2D
from keras.layers.advanced_activations import LeakyReLU
from keras.optimizers import SGD, Adagrad

np.random.seed(1)

# load data table
data_path = 'data.csv'
data_df = pd.read_csv(data_path) # デフォルトで1行目をheaderとして認識
column_name_list = data_df.columns

N = len(data_df.index)
M = len(data_df.columns)

days_cycle = 20
days_type = 0           # 0:当日モデル，1:前日モデル
loop_end_days = N - days_cycle - days_type

# pl部分を抽出しarray(float型)にする
pl_array = np.array(data_df[column_name_list[0]], 'f')

# 説明変数をnumpy array floatに読み込ませる(倍精度)
market_array = np.array(data_df[column_name_list[(1-days_type):M]],
    'f')
M1 = market_array.shape[1]

# get price data
trX = []
trY = pl_array[(days_cycle-1+days_type):N]

# generate dataset
for i in range(loop_end_days + 1):     # スライシングを考慮して1を足す
    # market_tableから過去days_cycle営業日を切り取ったものを画像に
    見立て連続的に格納する
    img_array = market_array[i:i+days_cycle,:]
    for j in np.arange(M1):
        img_dummy = np.array([img_array[:, j]])
        if j ==0:
            img2 = img_dummy.T
        else:
            img2 = np.append(img2, img_dummy.T)
    img3 = img2.reshape(days_cycle, M1, 1)
    trX.append(img3)

```

```
53   # generate image data for training (trYは, array化済み)
54   trX = np.array(trX)
55
56   model = Sequential()
57   model.add(Convolution2D(128,2,M1,border_mode='same',input_shape=(
         days_cycle, M1, 1)))
58   model.add(Activation('relu'))
59   model.add(MaxPooling2D(pool_size=(1,days_cycle)))
60   model.add(Dropout(0.25))
61
62   model.add(Convolution2D(256,2,2,border_mode='same'))
63   model.add(Activation('relu'))
64   model.add(Dropout(0.5))
65
66   # 5層モデルでは用いない
67   # model.add(Convolution2D(512,3,3))
68   # model.add(Activation('relu'))
69   # model.add(MaxPooling2D(pool_size=(2,2)))
70   # model.add(Dropout(0.5))
71
72   model.add(Flatten())
73
74   model.add(Dense(512))
75   model.add(LeakyReLU(alpha=0.05))
76   model.add(Dropout(0.5))
77
78   model.add(Dense(256))
79   model.add(LeakyReLU(alpha=0.05))
80
81   model.add(Dense(1))
82   model.add(Activation('linear'))
83
84   # compile model
85   model.compile(optimizer='Adagrad',loss='mean_squared_error')
86
87   # fit model
88   N_e=5000
89   hist = model.fit(trX, trY, batch_size=32, verbose = 1,
90                    validation_split = 0.064, epochs=N_e)
```

57 行目の model.add(Convolution2D(128,2,M1,border_mode='same',
input_shape=(days_cycle, M1, 1))) において, フィルターサイズを通常の
2×2 や 3×3 ではなく 2×87 ピクセルに設定して 87 変数を同時に捕捉できるよ
うにし, さらに隣り合う 2 日ずつをワンセットとした. フィルター数は 128 枚と
する. プーリングにおいては, 時系列方向に days_cycle 分 (= 20 日間) フィル
ターを伸ばした. それ以降の CNN 層では 2×2 または 3×3 のフィルターを使い,

---

*52) Keras2 では, 前述同様 Convolution2D → Conv2D(128,(2,M1),…) border_mode='same' →
padding='same' (10, 57, 62, 67 行目).

5.3 CNN で非金利収入予測モデルをつくる　　　　173

通常の CNN と変わらない設定とした. このため, 変数の並び順も重要となる.
Leaky ReLU を使用した 5 層のモデルである. model.fit の validation_split
= 0.064 のところで全データの後ろから 6.4%分を検証用データに振り分けてい
る. モデルの保存等は前項のソースコードを参照願いたい.

　図 5.30 は 1 次元当日モデルの学習ログの出力である. 数字は, 訓練データと検
証データの平均二乗誤差である. 89 行目で, verbose = 1 とすることで出力で
き, hist に誤差の推移が代入される. 以降では, 単位を円にするため, 平均二乗
誤差の平方根をとった平方平均二乗誤差で結果を見ていく. 結果をまとめたのが
表 5.14 である.

　当日モデルの結果としては, 701 日分の訓練データに対する平方平均二乗誤差
が 273,550 円である [53]. 検証データの平均誤差は訓練データより小さい. 時系

```
Train on 701 samples, validate on 48 samples
Epoch 1/2000
701/701 [==============================] - 0s - loss: 217489254960 3.5151 - val_loss: 98342466016.0000
Epoch 2/2000
701/701 [==============================] - 0s - loss: 627414097978.4308 - val_loss: 142551471445.3333
Epoch 3/2000
701/701 [==============================] - 0s - loss: 593139107334.5735 - val_loss: 143464431616.0000
Epoch 4/2000
701/701 [==============================] - 0s - loss: 609761569045.5464 - val_loss: 115399513429.3333
Epoch 5/2000
701/701 [==============================] - 0s - loss: 610494103294.9044 - val_loss: 124766139733.3333
Epoch 6/2000
701/701 [==============================] - 0s - loss: 610538555774.7218 - val_loss: 182016830122.6667
Epoch 7/2000
701/701 [==============================] - 0s - loss: 604445492391.9886 - val_loss: 150263578624.0000
Epoch 8/2000
701/701 [==============================] - 0s - loss: 607711187779.5607 - val_loss: 187898926421.3333
Epoch 9/2000
701/701 [==============================] - 0s - loss: 619466640700.9872 - val_loss: 226300952576.0000
Epoch 10/2000
701/701 [==============================] - 0s - loss: 608568598880.2711 - val_loss: 129472189781.3333
Epoch 11/2000
701/701 [==============================] - 0s - loss: 595999117072.4336 - val_loss: 197012575573.3333
Epoch 12/2000
701/701 [==============================] - 0s - loss: 595585853320.2169 - val_loss: 218029118805.3333
Epoch 13/2000
```

図 5.30　CNN モデル (当日モデル, 5 層) の学習結果の出力画面 (2,000 エポック)

表 5.14　CNN モデルの平方平均二乗誤差

層	エポック数	当日モデル		前日モデル	
		訓練誤差	検証誤差	訓練誤差	検証誤差
5	2,000	273,550	248,737	218,750	239,004
5	10,000	309,360	279,972	140,852	251,294
6	2,000	294,943	270,953	240,300	264,443
6	10,000	223,388	216,938	168,651	260,021

---

[53]　2,000 エポックに要した時間は約 13 分 (GeForce TITAN X 使用).

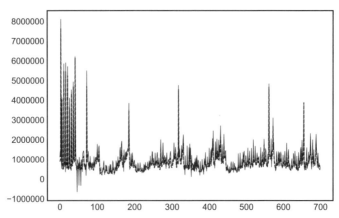

図 5.31 CNN モデル (当日モデル, 5 層) の訓練データへのフィッティング状況 (2,000 エポック, 円). 実線 (青) が非金利収入の実績. 点線 (橙) は, モデルの推定値. 〔口絵 2(a) 参照〕

列データであり, 価格の変動性も観測期間で変化すると考えられるため, 必ずしも過学習が抑えられているとはいえない点に注意が必要である [*54]. 訓練データへのフィッティングは, 図 5.31 に示しており, 訓練データに対し, モデルがフィッティングしていることが確認できる. また, エポック数を 10,000 回にしたところ, 訓練データに対する平方平均二乗誤差が 309,360 円, 48 日分の検証データに対する平方平均二乗誤差が 279,972 円となっている. 2,000 回と比較し, 検証誤差が増える結果となった.

また, さらにソースコード 5.11 でコメントアウトしていた下の 67~70 行目

```
67  model.add(Convolution2D(512, 3, 3))
68  model.add(Activation('relu'))
69  model.add(MaxPooling2D(pool_size)=(2,2)))
70  model.add(Dropout(0.5))
```

を用い, 畳み込み, プーリング層, ドロップアウトを追加し 6 層にした当日モデルを 2,000 エポック学習させると, 訓練データに対する平方平均二乗誤差が 294,943 円, 48 日分の検証データに対する平方平均二乗誤差が 270,953 円となった. また, 10,000 エポック学習させると, 検証データに対する平方平均二乗誤差が 216,938 円と減少した.

[*54] Bergmeir and Benítez[22] のように時系列での交差検証が必要となる. また 2.2.4 項では, モデル間の比較を交差検証で行っている.

5.3 CNN で非金利収入予測モデルをつくる　　　175

　次に，前日モデルの学習結果について見ていく．700 日分の訓練データに対する平方平均二乗誤差が 218,750 円，48 日分の検証データに対する平方平均二乗誤差が 239,004 円となり，前日までの非金利収入を変数に加えることで，予測精度が上がったことがわかる．当日モデル同様，畳み込みとプーリング層を追加し 6 層にした前日モデルを 2,000 エポック学習させると訓練データに対する平方平均二乗誤差が 240,300 円，48 日分の検証データに対する平方平均二乗誤差が 264,443 円と 5 層モデルに比べて過学習の傾向が強まった．また，10,000 エポック学習させると，検証データに対する平方平均二乗誤差が 260,021 円と増加した．

　以上のようにホールドアウト法では，エポック数と層の数に対し，モデルの精度比較に傾向が見られなかったため，ここではさらに，2.2.4 項で行っているように，モデル間の交差検証による比較を行う．結果は，表 5.15 のようになる．時系列の 10 分割交差検証で，後半の 5 分割の誤差の平均を示している．表 5.14 でのホールドアウト検証と異なり，層の数は 5 層が優れ，エポック数は 2000 回の方が望ましいことがわかる．CNN による推定は，ハイパーパラメータに関する調整に時間がかかるため，本来さらに調整すべきパラメータがある点に注意が必要である．また，本来，大規模データが必要なことなどが，モデルの精度向上への課題と考えられる．

表 5.15　CNN モデルの交差検証結果

層	エポック数	当日モデル	前日モデル
5	2,000	621,598	593,567
5	10,000	644,842	614,388
6	2,000	645,218	639,121
6	10,000	660,073	675,752

　ここで交差検証に用いたソースコードについても解説を行う．scikit-learn の TimeSeriesSplit を用いた時系列の交差検証部分をソースコード 5.12 に示す．ここでは，計算環境として GPU を 1 枚のみ搭載している環境を考え，訓練データの数に対する CNN の学習の並列計算はできないと仮定する．計算にあたり，留意点が 3 点ある．まず，for ループを回す際に，モデルのパラメータを初期化する

176　　5. 金融への応用も期待される畳み込みニューラルネットワーク

必要があり，CNNmodel5 という関数を作成している点である *55)．次に，Time-
SeriesSplit で生成した train_index/test_index という訓練・検証用のインデックス
を用い，データを生成している点である．そして，scikit-learn の GridSearchCV
を用いることもできるが，GPU が 1 枚で並列ができないことや，交差検証の最初
の 5 つの分割の計算を省略するため，for ループを用いている点である．

ソースコード **5.12** Python3.5 DerivaPL CNN model 時系列交差検証

```
1  from sklearn.model_selection import TimeSeriesSplit
2  from sklearn.metrics import mean_squared_error
3
4  tscv = TimeSeriesSplit(n_splits=10)
5  result_cv=np.zeros([5,1])
6
7  def CNNmodel5():
8      model = Sequential()
9      model.add(Convolution2D(128,2,M1,border_mode='same',input_shape
           =(days_cycle, M1, 1)))
10     model.add(Activation('relu'))
11     model.add(MaxPooling2D(pool_size=(1,days_cycle)))
12     model.add(Dropout(0.25))
13
14     model.add(Convolution2D(256,2, 2,border_mode='same'))
15     model.add(Activation('relu'))
16     model.add(Dropout(0.5))
17
18     model.add(Flatten())
19
20     model.add(Dense(512))
21     model.add(LeakyReLU(alpha=0.05))
22     model.add(Dropout(0.5))
23
24     model.add(Dense(256))
25     model.add(LeakyReLU(alpha=0.05))
26
27     model.add(Dense(1))
28     model.add(Activation('linear'))
29
30     model.compile(optimizer='Adagrad',loss='mean_squared_error')
31     return model
32
33  NO = 0
34  for train_index, test_index in tscv.split(trX):
35
36      X_train, X_test = trX[train_index], trX[test_index]
37      Y_train, Y_test = trY[train_index], trY[test_index]
```

---

*55) ループ内で初期パラメータのみ代入する方法でもよい．ただし，筆者の知るところでは，cuDNN
を用いた Keras/TensorFlow の推定では乱数のシードを固定化できず，再現性がないため，注意が
必要である．

```
38
39        if num1 > 4:
40            model=CNNmodel5()
41            model.fit(X_train, Y_train, epochs = N1,batch_size=32,
                         verbose=0)
42            Y_pred = model.predict(X_test)
43            result_cv[NO,0] = mean_squared_error(Y_test,Y_pred)
44
45        NO += 1
```

また, 2.2.4 項で解説したブースティング木と CNN の検証データにおけるフィッティング比較についてグラフを示す (図 5.32〜5.35). ここで検証データとした 48 日分では, 推定結果に差がないものの, 訓練データの交差検証による比較では, ブースティング木の方が優れていると考えられる. CNN モデルも検証データに対する, 一定の予測力が確認できる (図 5.36, 5.37). ここで紹介した CNN モデルについては, 説明変数に使用した指標について値を与えれば, モデルにより日次ベースの手数料収入推定ができるので, 予算や業務計画作成のためのサポートツールとなるだろう. また為替レートなどの市場レート (変数) を一定幅動かすファクタープッシュ法を使えば, 非金利収入の市場レートに対する感応度を推定できる可能性がある [*56)].

5.3.2 その他金融への応用

前述の非金利収入予測モデルは金融データを取り扱う特殊な CNN の利用法であるが, 本来的な画像処理人工知能についても金融業務への応用が期待される. 例えば金融機関では住宅ローンや投資信託などのさまざまな商品の申込書, 帳票類を大量に受け入れ, それらの記入漏れなどを人間の目でチェックしている. これらの仕事は人工知能に任せられるだろう. 近時, ホワイトカラーの業務の PC 操作をソフトウェアでロボット化する RPA (robotic process automation) が脚光を浴びているが, 画像データをチェックできる人工知能を組み合わせることで自動化の深度が高まる. 人間の目で見るより正確で, 24 時間作業が続けられる効率性のメリットも大きいだろう.

出入口などでの入退出のチェックも, 警備員の目視や入退出簿の管理だけでは心もとない. 人工知能の顔認識や生体認証を使うことで効率化できるだろう.

---

*56) 線回帰のような比較的単純なモデルでは感応度は常に一定だが, CNN は非線形モデルであり, 変数の水準や, ファクタープッシュの幅等で同じ変数であっても感応度が変わる点に注意が必要である.

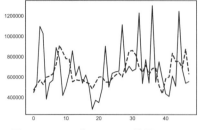
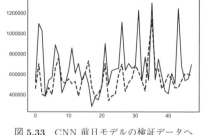

図 5.32　CNN 当日モデルの検証データへのフィッティング状況, 円

図 5.33　CNN 前日モデルの検証データへのフィッティング状況, 円

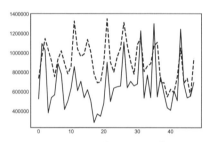
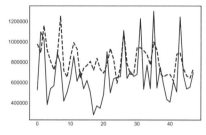

図 5.34　XGBoost 当日モデルの検証データへのフィッティング状況, 円

図 5.35　XGBoost 前日モデルの検証データへのフィッティング状況, 円

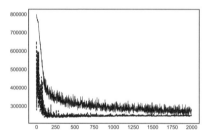
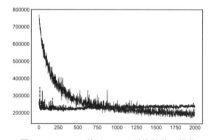

図 5.36　CNN 当日モデル平均誤差の推移

図 5.37　CNN 前日モデル平均誤差の推移

CNN モデルは, 5 層モデル. 検証データへのフィッティングは, 実線が実績, 点線がモデルの推定値. 平均誤差の推移は, 実線 (青) が訓練誤差, 点線 (橙) が検証誤差. 〔図 5.36, 5.37 は口絵 2(b),(c) 参照〕

　金融機関のリスク管理での応用範囲として考えられているのがデリバティブの世界である. デリバティブの中にコモディティ・デリバティブや天候デリバティブと呼ばれる商品がある. 簡単にいえば, 原油価格や降雨量, 日照量などのインデックスの変動に対する保険のような商品である. そのような商品を売る側の金融機関は, 実際の変動に対し予見精度を高めることができれば, リスクすなわち損失の可能性を抑制することが可能となる. 原油価格に大きな影響のあるシェールガス

のリグ (掘削用の機械) の稼働状況を衛星写真に写ったフレアリング (flaring) [57] から分析する人工知能や，雨雲レーダー画像などから降雨量や日照量を予想する人工知能はリスク管理のツールとなるわかりやすい例である．

---

[57]　シェールオイル掘削で産出される随伴ガスを煙突で燃焼させたときの炎．

A

金融データ解析のためのディープラーニング開発環境セットアップ

A.1 FinTech用ディープラーニング開発環境について

Googleなどの IT 企業，海外の大学の研究室などの研究機関や研究者が開発支援ライブラリーをオープンソースとして公開しているので，手軽にパソコンでディープラーニングの開発環境が構築できる．元来 Unix や Linux 環境向けが主流であったため，Linux系の OS である Mac は親和性があったが，Windows 環境でディープラーニングを実践することは難しかった．近時は Theano のみならず，TensorFlow も Windows 環境に対応しインストールがサポートされている．ディープラーニング用開発支援ライブラリーは他にもたくさんあるが，図 A.1 は比較的使いやすく，ウェブサイトなどで多く取り上げられている Google 社の TensorFlow，Preferred Networks 社の Chainer，モントリオール

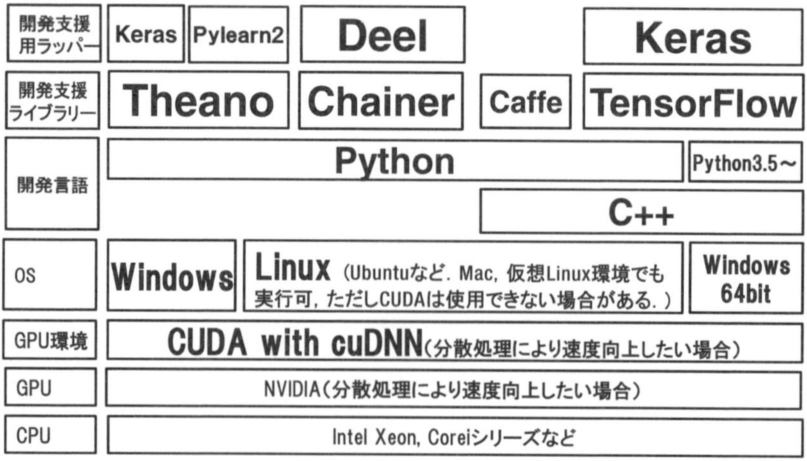

開発支援用ラッパー	Keras	Pylearn2	Deel		Keras
開発支援ライブラリー	Theano		Chainer	Caffe	TensorFlow
開発言語	Python				Python3.5～
			C++		
OS	Windows	Linux (Ubuntuなど．Mac, 仮想Linux環境でも実行可，ただしCUDAは使用できない場合がある．)			Windows 64bit
GPU環境	CUDA with cuDNN(分散処理により速度向上したい場合)				
GPU	NVIDIA(分散処理により速度向上したい場合)				
CPU	Intel Xeon, Coreiシリーズなど				

図 A.1　ディープラーニングの開発環境例

大学の Theano[79]，Pylearn，カリフォルニア大学バークレー校の Caffe，F. Chollet が開発した Keras などの動作環境の概要である．汎用インタプリタ開発言語である Python をベースに環境を構築する．また，本書では取り上げていないが Python，R, C++, Julia などに対応している DMLC の MXNet や，複数の GPU を効率的に活用できる Microsoft の CNTK のような，より汎用性が高いディープラーニングツールも出てきている．

ライブラリーによって，あるいは同じライブラリーでもバージョンが異なると動作環境がサポートされておらず使用できない場合があるので，OS の bit 数 (32 bit または 64 bit) や Python のバージョンなど，依存する環境の違いに注意が必要となる．互換性はバージョンアップなどにより変わるので，ライブラリーのウェブサイトなどでインストールやアップグレードを行う前に確認したほうがよい (本章の内容は主として 2017 年 4 月以前のものであり，その後の OS やライブラリーのバージョンアップなどで状況が変わっている可能性がある)．Python については大きくバージョン 2 系統とバージョン 3 系統に分かれていて，両者の間のコードに一部互換性がない (Python のバージョンに関する互換性に関しては 1.1 節を参照のこと)．Windows の GPU 環境で Theano を使う場合は Python のバージョン 2.7 (あるいは 2.x) を選択することになる．TensorFlow を Windows 環境で使う場合は OS は 64 bit のみ，Python のバージョンは 3.5 と 3.6 がサポートされている．

Python のインストールに関しては基本的なライブラリーを包含している Anaconda というパッケージがあり，本書の実践でも利用している．最新バージョン以外は archive からインストールする *1)．ディープラーニング計算ライブラリー Theano，TensorFlow，ラッパーライブラリー Keras などは適正なバージョンを追加でインストールする．ディープラーニング用ライブラリーは依存している環境がサポートされていないと動かないので，最新版をインストールする際には注意する *2)．

特にこだわりがなければ Keras を使ってプログラミングし，TensorFlow をバックエンドで動かすことからディープラーニングを始めることをお勧めする．Keras は 2017 年のバージョンアップでバージョン 2.0 となったが，本書のソースコードは主としてバージョン 1 系を使用している *3)．2 系を使用する際は修正点を脚注に示しているので，参考にしてほしい．バージョンアップの詳細に関しては 1.1 節，付録 B を参照してほしい．

本章の項タイトルは表 A.1 の開発環境の構成 (組合せ) を表しているので，使用したい

---

*1) 旧バージョンは https://repo.continuum.io/archives/ からダウンロードできる．本章は Anaconda の旧ウェブサイト https://www.continuum.io/ をベースに構成していたが，2017 年 12 月現在サイトが https://www.anaconda.com/ へ変わったので，本文中，表記のみ現行サイトに合わせている．

*2) 例えば，2018 年 3 月時点での TensorFlow の最新バージョン 1.6 は，Windows 10 環境で Python3.6，CUDA9.0，cuDNN7.0.5 に対応しているが，cuDNN7.1 では作動しない，など．

*3) Keras バージョン 1 系は，2017 年 4 月時点で Python のバージョン 2.7～3.5 にしか対応していなかったが，2017 年 9 月時点では 3.6 まで対応済のようである．

182　　　A.　金融データ解析のためのディープラーニング開発環境セットアップ

表 A.1　項タイトルに使われているセットアップ環境の組合せ

パソコン	OS	プロセッサー	bit 数	Python のバージョン	ディープラーニングツール
Mac／Windows／仮想 Linux／Linux	macOS Sierra／Windows 7／Windows10／Ubuntu14／Ubuntu16	CPU／GPU	32／64	CP27 (2 系)／CP35 (3 系)	Chainer／Keras/TensorFlow／Keras/Theano

パソコンの環境 (本体, OS, GPU の有無, bit 数), Python のバージョン, ディープラーニングライブラリーの組合せに対応している項を参照してほしい. なお本セットアップガイドで取り扱っているパソコンは Mac, Windows, 仮想 Linux, Linux の 4 種類, ライブラリーは前述の TensorFlow, Theano, Chainer の 3 種類と, Keras である.

A.2　Mac　　　編

A.2.1　macOS Sierra - CPU - 64bit - CP27 - Chainer

1. Homebrew のインストール

```
$ ruby -e "$(curl -fsSL https://raw.githubusercontent.com/Homebrew/
    install/master/install)"
```

2. Homebrew を最新版にする

```
$ brew update (更新), brew upgrade (再ビルド)
```

3. pyenv のインストール

```
$ brew install pyenv
```

インストール後, pyenv のパスを通すため, ホームディレクトリ*4) 以下の.bash_profile というファイルに以下のようにパスを追加する*5).

```
export PATH="$PYENV_ROOT/bin:$PATH"
export PYENV_ROOT="$HOME/.pyenv"
eval "$(pyenv init -)"
```

上記のファイルを保存後, パスの設定を有効にするため, 以下のコマンドを実行する.

---

*4)　ファイルパスは通常 users/[username] となる.
*5)　ホームディレクトリにファイルが存在しない場合は同名のファイルを作成する (図 A.2 を参照).

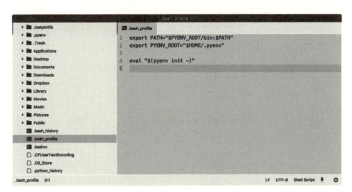

図 A.2　パスの設定

```
$ source.bash_profile
```

4. pyenv のインストール可能一覧を表示

```
$ pyenv install -list
```

5. pyenv で python バージョン 2.7.10 をインストール

```
$ pyenv install 2.7.10
```

6. インストール済みのバージョンを確認

```
$ pyenv versions
```

7. 環境を 2.7.10 に設定

```
$ pyenv global 2.7.10
```

8. pip のインストール

```
$ sudo easy_install pip
```

9. pip を最新版にする

```
$ sudo pip install -upgrade pip
```

または

```
$ sudo -H pip install -upgrade pip
```

184   A. 金融データ解析のためのディープラーニング開発環境セットアップ

10. setuptool を最新版にする

```
$ pip install -U setuptools
```

11. chainer のインストール

```
$ sudo pip install chainer
```

12. chainer の動作確認

```
$ python
```

で python を起動

```
>> import chainer
```

とタイプし Enter → エラーが出なければ OK

A.2.2　macOS Sierra - CPU - 64bit - CP35 - Keras/TensorFlow

本節では macOS Sierra 環境における Keras, TenosorFlow の環境構築方法を示す [6].

Homebrew のインストールなどは A.2.1 項の手順 1~6 と同じだが，手順 5 でインストールする Python のバージョンが異なる (ここでは 3.5) ので注意すること．以下は Python 環境構築後からの手順である．

1.　Anaconda のインストール

Anaconda は数値計算用のディストリビューションである．以下のコマンドで Anaconda を含めた，pyenv でインストール可能なディストリビューションの一覧が表示される．

```
$ pyenv install -l
```

本例ではこのうち，Anaconda バージョン 3-4.1.1 をインストールする．

```
$ pyenv install anaconda3 -4.1.1
```

インストール完了後，hash テーブルを再構築する．

```
$ pyenv rehash
```

---

[6]　本節の情報は 2016 年 12 月時点の情報である．

A.2 Mac 編 185

2. pyenv で anaconda3-4.1.1 をグローバル環境に設定する.

```
$ pyenv global anaconda3 -4.1.1
```

以下のコマンドで anaconda3-4.1.1 がグローバル環境となっていることを確認.

```
$ pyenv versions
  system (set by /Users/[username]/.pyenv/version)
* anaconda3 -4.1.1
```

3. Anaconda 自体をアップデートする.

```
$ conda update conda
```

アップデート完了後, 以下コマンドで Python を起動し, 正常にインストールされていることを確認する [7].

```
$ python
  Python 3.5.2 |Anaconda 4.1.1 (x86_64)| (default, Jul  2 2016,
      17:52:12)
  [GCC 4.2.1 Compatible Apple LLVM 4.2 (clang -425.0.28)] on darwin
  Type "help", "copyright", "credits" or "license" for more
      information.
>>
```

4. pip で TensorFlow をインストールする.

```
$ pip install tensorflow
```

インストール後, Python を起動し, 以下のコマンドを実行してエラーが出なければ問題なくインストールできている.

```
>> import tensorflow as tf
```

5. Keras をインストールする.

```
$ pip install keras
```

インストールの確認方法は TensorFlow と同様である. なお, このコマンドの実行により Theano も同時にインストールされる.

---

[7] Ctrl + Z で Python 環境から出ることができる.

186   A. 金融データ解析のためのディープラーニング開発環境セットアップ

A.3 Windows　編

A.3.1 Windows 7 - CPU - 64 bit - CP27 - Keras/Theano

1. Anaconda2 のインストール (Python2.7 のインストール)

https://www.anaconda.com/downloads[*8)] から OS の bit 数に合ったものを選択し，画面の指示に従いダウンロード後，インストールを行っていく．Anaconda にもいくつかバージョンがあり，Anaconda2 は Python のバージョンは 2.x (本例では 2.7) に対応している．Numpy などの基本モジュールも Anaconda のパッケージに含まれており同時にインストールされる．

```
C:¥Users¥okame8moc¥Anaconda2>pip install git+git://github.com/Theano/Theano.git
Collecting git+git://github.com/Theano/Theano.git
  Cloning git://github.com/Theano/Theano.git to c:¥users¥okame8~1¥appdata¥local¥
temp¥pip-en0e3h-build
Requirement already satisfied (use --upgrade to upgrade): numpy>=1.9.1 in c:¥use
rs¥okame8moc¥anaconda2¥lib¥site-packages (from Theano==0.9.0.dev2)
Requirement already satisfied (use --upgrade to upgrade): scipy>=0.14 in c:¥user
s¥okame8moc¥anaconda2¥lib¥site-packages (from Theano==0.9.0.dev2)
Requirement already satisfied (use --upgrade to upgrade): six>=1.9.0 in c:¥users
¥okame8moc¥anaconda2¥lib¥site-packages (from Theano==0.9.0.dev2)
Installing collected packages: Theano
  Running setup.py install for Theano ... done
Successfully installed Theano-0.9.0.dev2

C:¥Users¥okame8moc¥Anaconda2>pip install git+git://github.com/fchollet/keras.git

Collecting git+git://github.com/fchollet/keras.git
  Cloning git://github.com/fchollet/keras.git to c:¥users¥okame8~1¥appdata¥local
¥temp¥pip-yismw8-build
Requirement already satisfied (use --upgrade to upgrade): theano in c:¥users¥oka
me8moc¥anaconda2¥lib¥site-packages (from Keras==1.1.0)
Requirement already satisfied (use --upgrade to upgrade): pyyaml in c:¥users¥oka
me8moc¥anaconda2¥lib¥site-packages (from Keras==1.1.0)
Requirement already satisfied (use --upgrade to upgrade): six in c:¥users¥okame8
moc¥anaconda2¥lib¥site-packages (from Keras==1.1.0)
Requirement already satisfied (use --upgrade to upgrade): numpy>=1.9.1 in c:¥use
rs¥okame8moc¥anaconda2¥lib¥site-packages (from theano->Keras==1.1.0)
Requirement already satisfied (use --upgrade to upgrade): scipy>=0.14 in c:¥user
s¥okame8moc¥anaconda2¥lib¥site-packages (from theano->Keras==1.1.0)
Installing collected packages: Keras
  Running setup.py install for Keras ... done
Successfully installed Keras-1.1.0
```

図 A.3　Python2.7 での Theano と Keras のインストール

Anaconda インストール後，コマンドプロンプトで以下を実行する．

[*8)]　2018 年 1 月現在，旧 Anaconda のサイト https://www.continuum.io/は https://www.anaconda.com/へ変わっている．

A.3 Windows 編 *187*

```
cd C:\Users\[username]\Anaconda2
conda install mingw libpython
```

2. 環境変数のパス設定 pip による Theano のインストールのための作業

デフォルトの設定手順に従っていれば，C:\Users\[username]\Anaconda2 の下に python.exe がインストールされている．このフォルダを環境変数に追加する．作業は以下の通りである．

コントロールパネル → システムとセキュリティ → システム → システムの詳細設定 → 環境変数 → システム環境変数 → Path を選択し，編集をクリック → 新規をクリックし，C:\Users\[username]\Anaconda2 を追加．

3. Theano/Keras のインストール

GitHub から最新版の Theano/Keras をインストールするため，https://git-for-windows.github.io/から msysGit をインストールする．

Theano/Keras のインストールコマンドプロンプトを立ち上げ，以下を実行する．

```
pip install git+git://github.com/Theano/Theano.git
pip install git+git://github.com/fchollet/keras.git
```

GitHub 上の最新バージョンがインストールされる (2016 年 10 月時点で，Theano-0.9.0. 単に pip install theano では，Theano-0.8.2 がインストールされる).

A.3.2 Windows 10 - GPU - 64 bit - CP35 - Keras/TensorFlow

1. Visual Studio 2015 のインストール

CUDA は C 言語で書かれたプログラムを並列処理するツールで，C/C++の標準コンパイラとしてインストールする CUDA のバージョンに対応している Microsoft Visual Studio が事前にインストールされている必要がある．

CUDA8.0 に対応する Visual Studio Community 2015 をダウンロードする (図 A.4 参照).

2. CUDA 8.0 のインストール

NVIDIA 社が提供する並列コンピューティング用のプラットホーム CUDA 8.0 をインストールする．OS の種類から Windows を選択するとメニューが開いて選択肢が出てくる．回線容量が十分でない場合は exe[local] を選択し，ダウンロード後にパソコンでインストールすることが推奨されている．本例では CUDA8.0.44 がインストールされる．

3. cuDNN v5.1 のインストール (図 A.5)

ディープラーニング環境には，cuDNN が必要になる．cuDNN は CUDA のディープラーニング用のライブラリで，畳み込み層の計算 (順伝播，逆伝播) をはじめさまざまな計算を高速に行うことができる．cuDNN のダウンロードサイトで会員登録し，ログイ

図 A.4　Visual Studio インストール画面

ンした後，cuDNN v5.1 for windows をダウンロードする．

解凍してできた 3 つのフォルダー (bin, include, lib(x64)) 内のファイル (cudnn64_5.dll, cudnn.h, cudnn.lib) を，CUDA のディレクトリの対応するフォルダー内にコピー&ペースト (コピペ) する．(図 A.6, A.7 参照)

3. Anaconda のインストール (Python3.5 のインストール)

https://www.anaconda.com/downloads から Python のバージョン，パソコンの CPU の bit 数に合わせたメニューを選びダウンロードして，インストールを実行する．本例では Anaconda3-4.1.1-windows-x86_64.exe を選択．

「保存」を選択し，ダウンロードが終了したら，「実行」を選択する．以降画面指示に従って「Next」を選んでいけばよい．

5. 環境変数のパス設定を確認

ユーザー環境変数で Anaconda2 と 3 が共存している場合は，Anaconda2 のほうを削除する．その後は 2 と 3 を適宜切り替えて使う．C:\Users\[username]\Anaconda3 が追加されていることを確認．

6. コマンドプロンプトの起動

Anaconda の conda prompt を起動する．

7. TensorFlow (gpu バージョン) のインストール (pip を使用)

```
pip install tensorflow-gpu
```

A.3 Windows 編

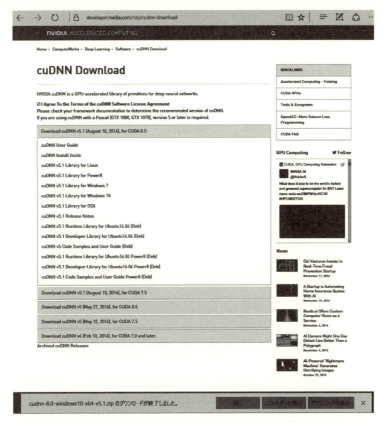

図 A.5　cuDNN のインストール (NVIDIA のウェブサイト)

図 A.6　cuDNN のインストール時にできる CUDA 用の 3 つのフォルダー

古いバージョンが入っている場合は pip でアンインストールする．ただし pip でインストールしていなければ pip でアンインストールできない点に注意．その場合は下のように --ignore-installed 付きで新しいバージョンをインストールする．

```
pip install --upgrade --ignore-installed https://storage.googleapis.
   com/tensorflow
/windows/gpu/tensorflow_gpu-1.1.0-cp35-cp35m-win_amd64.whl
```

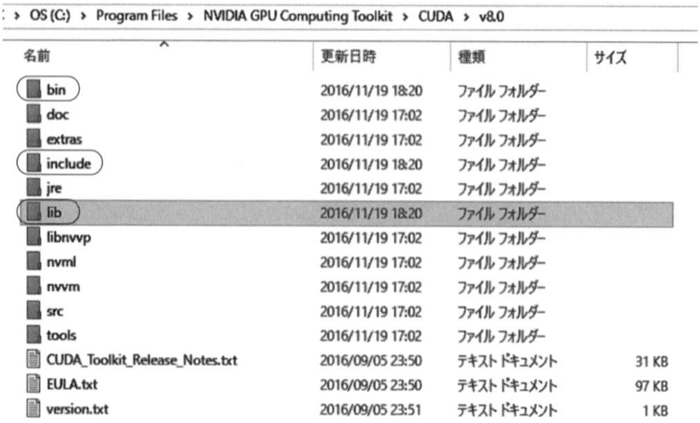

190   A. 金融データ解析のためのディープラーニング開発環境セットアップ

図 A.7 3つのフォルダー内のファイルを CUDA の下の該当するフォルダーにコピペする．

図 A.8 CUDA の環境変数

TensorFlow のバージョンを確認する．Python のコンソールを開き，

```
>>> import tensorflow as tf
>>> tf.__version__
```

A.3 Windows 編   191

1. Just Me を選択する

2. ユーザー名の直下にディレクトリができる

3. 環境変数の自動設定

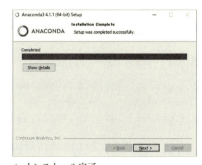
4. インストール完了

図 **A.9** Anaconda3 のインストール

とすればバージョン情報が返ってくる．

8. Keras のインストール

Anaconda の conda prompt 上で pip install keras または pip install git+git://github.com/fchollet/keras.git を実行．

このとき Theano も一緒にダウンロードされる．バックエンドは自動的に TensorFlow が設定されるはずだが，Theano であった場合は，keras.json ファイル (図 A.10) を図 A.11 を参考に TensorFlow に変更する．

Keras でグラフなどを使用するライブラリーが依存する Graphviz，pydot，pydot-ng，pydotplus を追加でインストールしておく．Graphviz はウェブサイトよりダウンロードし，インストールする．展開したフォルダーを C ドライブの直下などにおき，ユーザー

図 **A.10** keras.json ファイル

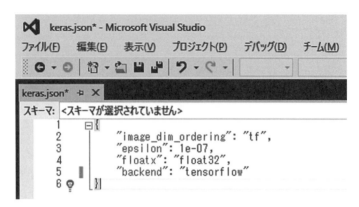

図 A.11 keras.json ファイルの内容

環境にパスを通しておく．pip install graphviz も実行する．
　環境パス例　c:\graphviz\release\bin
　pydot，pydot-ng，pydotplus は pip でインストールする．

A.4　仮想 Linux - Ubuntu14 - CPU - 64 bit -CP27 - Keras/TensorFlow

本来の OS：Windows 8 (64bit)
1. 仮想環境の立ち上げ
　あらかじめ VM Workstation 12 Player をインストールしておく．VM Workstation 12 Player のタイルをクリックすると仮想環境が立ち上がる (図 A.12，A.13)．
2. 仮想 Ubuntu に Anaconda2 (Python 2.7) をインストールする
　Anaconda2 (Python 2.7) をダウンロード後，シェル (Windows のコマンドプロンプトと同義) を立ち上げ，以下の通り実行し，画面の指示通り進む．

```
[username]@ubuntu:~$ bash ~/Downloads
/Anaconda2-4.2.0-Linux-x86_64.sh

Welcome to Anaconda2 4.2.0 (by Continuum Analytics, Inc.)

In order to continue the installation process, please review
the license agreement.
Please, press ENTER to continue
>>>
================
Anaconda License
================
Copyright 2016, Continuum Analytics, Inc.
```

A.4 仮想 Linux - Ubuntu14 - CPU - 64 bit -CP27 - Keras/TensorFlow   193

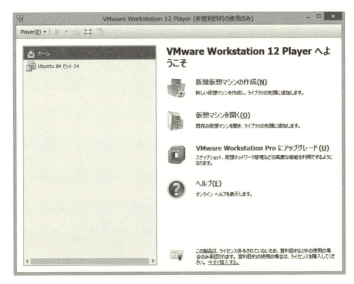

図 **A.12** VM Workstation 12 Player のホーム画面

図 **A.13** Ubuntu 64 ビット 14 を選択し,「仮想マシンの再生 (L)」で起動

194　　A.　金融データ解析のためのディープラーニング開発環境セットアップ

```
All rights reserved under the 3-clause BSD License:
  :
  :
Do you approve the license terms? [yes|no]
>>> yes

Anaconda2 will now be installed into this location:
/home/[username]/anaconda2
  - Press ENTER to confirm the location
  - Press CTRL-C to abort the installation
  - Or specify a different location below

[/home/[username]/anaconda2] >>>
PREFIX=/home/[username]/anaconda2
installing: python-2.7.12-1 ...
installing: _license-1.1-py27_1 ...
  :
  :
Python 2.7.12 :: Continuum Analytics, Inc.
creating default environment...
installation finished.
Do you wish the installer to prepend the Anaconda2
install location to PATH in your /home/[username]
/.bashrc ? [yes|no]
[no] >>> yes

Prepending PATH=/home/[username]/anaconda2/
bin to PATH in /home/[username]/.bashrc
A backup will be made to: /home/[username]/
.bashrc-anaconda2.bak

For this change to become active, you have to open
a new terminal.

Thank you for installing Anaconda2!
```

　そのままインストールの確認をかねてバージョンを確認すると，"[username]@ubuntu: \$
conda -V conda: コマンドが見つかりません"とワーニングが出る．一度シェル画面をク
ローズし再度開くと正しく認識され，"[username]@ubuntu: \$ [username]@ubuntu: \$
conda -V conda 4.2.9"と表示される．

3．Keras のインストール

シェル画面から以下の通り実行する．

```
[username]@ubuntu:~$ git clone https://github.com/fchollet
/keras.git

Cloning into 'keras'...
  :
  :
Using /home/[username]/anaconda2/lib/python2.7/site-packages
Finished processing dependencies for Keras==1.1.0
[username]@ubuntu:~/keras$
```

4. TensorFlow を site-packages へインストールする

シェル画面から以下のように実行する.

```
[username]@ubuntu:~$ conda install -c https://conda.anaconda.org/
    jjhelmus tensorflow

Fetching package metadata .........
Solving package specifications: ..........

Package plan for installation in environment /home/[username]
/anaconda2:

The following packages will be downloaded:
    package                    |            build
    -----------------------|-----------------------
    conda-env-2.6.0        |                 0       502 B
    conda-4.2.12           |          py27_0       373 KB
    protobuf-3.0.0b2       |          py27_1       173 KB    jjhelmus
    pbr-1.10.0             |          py27_0       100 KB
    mock-2.0.0             |          py27_0        96 KB
    tensorflow-0.10.0rc0   |          py27_1      25.3 MB    jjhelmus
    -----------------------------------------------
                                     Total:      26.0 MB
    :

The following packages will be UPDATED:
    conda:       4.2.9-py27_0               --> 4.2.12-py27_0
Proceed ([y]/n)? y

Fetching packages ...
    :
[ユーザー名]@ubuntu:~$
```

以上で完了となる.

A.5 Linux 編

A.5.1 Ubuntu 16 - GPU - 64 bit - CP35 - Keras/TensorFlow

本節では, ubuntu 16.04 LTS における Python3.5 と TensorFlow の GPU 環境構築方法を示す (GTX-1080)[9].

1. pyenv のインストール

まず, A.2.2 項と同様に pyenv 環境を構築する. 最初に以下のコマンドで必要なパッケージをインストールする.

---

[9] 本節の情報は 2017 年 3 月時点の情報である.

```
$ sudo apt-get install git gcc make openssl libssl-dev libbz2-dev
    libreadline-dev libsqlite3-dev
```

次に，以下コマンドにより pyenv をインストールする．

```
$ git clone https://github.com/yyuu/pyenv.git ~/.pyenv
```

以下コマンドによりパスを設定する (A.2.2 項と同様に，~/.bash_profile へ直接書き込んでも可).

```
$ echo 'export PYENV_ROOT="$HOME/.pyenv"' >> ~/.bash_profile
$ echo 'export PATH="$PYENV_ROOT/bin:$PATH"' >> ~/.bash_profile
$ echo 'eval "$(pyenv init -)"' >> ~/.bash_profile
```

pyenv でインストール可能なディストリビューションの一覧を表示する．

```
$ pyenv install --list
```

上記で表示されたディストリビューションのうち，Anaconda3-4.3.0 (Python3.5) をインストールする．

```
$ pyenv install anaconda3-4.3.0
```

インストール後，上記 Anaconda 環境をグローバルに設定する．

```
$ pyenv global anaconda3-4.3.0
```

A.2.2 項と同様に，$ python で Anaconda 環境が起動すれば成功．

2. CUDA のインストール

まず，以下のコマンドを順に実行し，NVIDIA のドライバーをインストールする．

```
$ sudo add-apt-repository ppa:graphics-drivers/ppa
$ sudo apt-get update
$ sudo apt-get install nvidia-367
$ sudo apt-get install mesa-common-dev
$ sudo apt-get install freeglut3-dev
```

ドライバーをインストール後，CUDA toolkit 8.0 をインストールする．NVIDIA のダウンロードサイト[76] から Linux → x86_64 → Ubuntu → 16.04 → deb(local) を選択し，deb ファイルをダウンロード．ダウンロードしたファイルをホームディレクトリ直下へおき，URL の指示通り以下コマンドを順番に実行する．

```
$ sudo dpkg -i cuda-repo-ubuntu1604-8-0-local-ga2_8.0.61-1_amd64.deb
$ sudo apt-get update
$ sudo apt-get install cuda
```

A.5 Linux 編

3. cuDNN のインストール

cuDNN のダウンロードサイト[77] で Download → Download cuDNN v6.0 (March 23, 2017), for CUDA 8.0 と進み，Linux 向けの cuDNN (cuDNN v6.0 Library for Linux) をダウンロードする*10). その後，CUDA と同様にダウンロードしたファイルをホームディレクトリ直下へおき，URL の指示通り以下コマンドを順番に実行する．

```
$ tar xvzf cudnn-8.0-linux-x64-v6.0-ga.tgz
$ sudo cp cuda/include/cudnn.h /usr/local/cuda/include
$ sudo cp cuda/lib64/libcudnn* /usr/local/cuda/lib64
$ sudo chmod a+r /usr/local/cuda/include/cudnn.h  /usr/local/cuda/
    lib64/libcudnn*
```

インストール後に以下コマンドにより CUDA のパスを設定する (.bash_profile に直接書き込んでも可).

```
$ echo 'export CUDA_ROOT=/usr/local/cuda' >> ~/.bash_profile
$ echo 'export PATH=/usr/local/cuda/bin:$PATH' >> ~/.bash_profile
$ echo 'export LD_LIBRARY_PATH=/usr/local/cuda/lib64:/usr/local/cuda
    /lib:$LD_LIBRARY_PATH' >> ~/.bash_profile
$ echo 'export CPATH=/usr/local/cuda/include:$CPATH' >> ~/.
    bash_profile
```

4. TensorFlow のインストール

1. でインストールした Anaconda 環境がグローバルとなっていることを確認後，pip でインストールする*11).

```
$ pip install --ignore-installed --upgrade TF_PYTHON_URL
```

ここで，TF_PYTHON_URL には TensorFlow の Python パッケージリスト[78] から該当するバージョンの URL を選択して入力する．今回は Python3.5 へ GPU バージョンをインストールするため，以下のコマンドを実行する．

```
$ pip install --ignore-installed --upgrade https://storage.
    googleapis.com/tensorflow/linux/gpu/tensorflow_gpu-1.0.1-cp35-
    cp35m-linux_x86_64.whl
```

上記を実行後，Python を起動し，import tensorflow した際に以下のような表示が出ればインストール成功である．

---

*10)　ダウンロード時にユーザー登録が必要.

*11)　TensorFlow の公式ドキュメント[2] では，Anaconda 下に TensorFlow 用の環境をつくる場合の方法が示されているが，ここでは Anaconda 環境にそのまま TensorFlow をインストールする方法を示す.

198   A. 金融データ解析のためのディープラーニング開発環境セットアップ

```
>>> import tensorflow
I tensorflow/stream_executor/dso_loader.cc:135] successfully opened
    CUDA library libcublas.so.8.0 locally
I tensorflow/stream_executor/dso_loader.cc:126] Couldn't open CUDA
    library libcudnn.so.5. LD_LIBRARY_PATH: /usr/local/cuda-8.0/
    lib64
I tensorflow/stream_executor/cuda/cuda_dnn.cc:3517] Unable to load
    cuDNN DSO
I tensorflow/stream_executor/dso_loader.cc:135] successfully opened
    CUDA library libcufft.so.8.0 locally
I tensorflow/stream_executor/dso_loader.cc:135] successfully opened
    CUDA library libcuda.so.1 locally
I tensorflow/stream_executor/dso_loader.cc:135] successfully opened
    CUDA library libcurand.so.8.0 locally
```

5. Keras のインストール

```
$ pip install keras
```

B

Keras バージョン 1 から 2 への変更点

Keras のバージョン 1 系からバージョン 2.0.0 へのおもな変更点 [*1)] を以下に列挙したが，2018 年 3 月 31 日現在の最新バージョンは 2.1.5 であり，その間の変更点についてはリリースノート [7] で適宜確認してほしい．

訓練 (Training)
- 名称変更

  nb_epoch → epochs

  fit_generator の samples_per_epoch → steps_per_epoch　ただし，デフォルトの None は samples_per_epoch/batch_size であり定義は異なる．

  fit_generator の nb_val_samples → validation_steps

  evaluate_generator と predict_generator の val_samples → steps
- model.add_loss(loss_tensor) を呼び出すことにより loss を手動で追加できる．
- 特定のモデルの出力において loss を出力しないことも可能になった．

Losses (損失) & metrics (メトリックス)
- 名称変更　objectives モジュール → losses
- 削除　matthews_correlation, precision, recall, fbeta_score, fmeasure
- custom metric 関数は dict を返さず，シングルテンソルを返す．

Models
- 名称変更　Constructor 引数：input → inputs, output → outputs
- Sequential model は set_input メソッドをサポートしない．
- Keras 2.0 以上で保存されたモデルの weights はバックエンドを変えた場合も，自動的に変換され継承される．

[*1)]　2017 年 5 月 5 日付 Keras2.0.0 リリースノートより．

Layers

- 名称変更

dim_ordering → data_format となり 2 つの引数: "th"→"channels_first", "tf" → "channels_last"をとる. keras.json ファイルも"image_data_format"："channels_first" か"channels_last"に変更する.

Dense 層

- インターフェース変更

output_dim → units

init → kernel_initializer

bias_initializer の追加

W_regularizer → kernel_regularizer

b_regularizer → bias_regularizer

b_constraint → bias_constraint

bias → use_bias

Dropout

- インターフェース変更　p → rate

畳み込み層

- 名称変更

Convolution → Conv (Conv1, Conv2, Conv3 などに名称短縮)

Deconvolution2D → Conv2DTranspose

- Conv2DTranspose は output_shape 引数不要.
- インターフェース変更

nb_filter → filters

float カーネル次元数はシングルタプルの引数, kernel_size となり, kernel_size はタプルの代わりに整数を設定可. Conv2D(10, 3, 3) は Conv2D(10, (3, 3)) になる.

subsample → strides (整数可)

border_mode → padding

init → kernel_initializer

bias_initializer の追加

W_regularizer → kernel_regularizer

b_regularizer → bias_regularizer

B. Keras バージョン 1 から 2 への変更点　　　　201

b_constraint → bias_constraint
bias → use_bias
dim_ordering → data_format

Pooling2D, 3D　border_mode → padding，dim_ordering → data_format
PReLU　init → alpha_initializer
GaussianNoise　sigma → stddev

リカレント層
• 名称変更
output_dim → units
init → kernel_initializer
inner_init → recurrent_initializer
W_regularizer → kernel_regularizer
b_regularizer → bias_regularizer
dropout_W → dropout
dropout_U → recurrent_dropout
consume_less → implementation．文字列値から整数への変更：implementation
0 (default), 1 または 2.
• 引数 bias_initializer の追加
• 引数 kernel_constraint, recurrent_constraint, bias_constraint の追加
• LSTM の引数 forget_bias_init はなくなり，boolean 引数 unit_forget_bias へ変更．
デフォルトは True.

Lambda　Lambda 層は mask 引数をサポートする．

Utilities　keras.utils.np_utils... からではなく keras.utils から import する．
Backend　random_normal と truncated_normal において std → stddev
その他　backend における set_image_ordering → set_data_format，image_ordering
→ data_format
• 名称変更　nb_epoch 以外の nb_ が先頭についた任意の引数は num_ となる．

文　　献

[1] 嶋田康史編著. FinTech イノベーション入門 (FinTech ライブラリー). 津田博史監修, 朝倉書店, 2018.

[2] M. Abadi, A. Agarwal, P. Barham, E. Brevdo, Z. Chen, C. Citro, G. S. Corrado, A. Davis, J. Dean, M. Devin, S. Ghemawat, I. Goodfellow, A. Harp, G. Irving, M. Isard, Y. Jia, R. Jozefowicz, L. Kaiser, M. Kudlur, J. Levenberg, D. Mané, R. Monga, S. Moore, D. Murray, C. Olah, M. Schuster, J. Shlens, B. Steiner, I. Sutskever, K. Talwar, P. Tucker, V. Vanhoucke, V. Vasudevan, F. Viégas, O. Vinyals, P. Warden, M. Wattenberg, M. Wicke, Y. Yu, and X. Zheng. TensorFlow: Large-scale machine learning on heterogeneous systems, 2015. Software available at https://www.tensorflow.org/

[3] Keras Documentation [日本語版]. https://keras.io/ja/

[4] F. Chollet. Keras. https://github.com/keras-team/keras

[5] M. Lichman. UCI Machine Learning Repository. http://archive.ics.uci.edu/ml

[6] Kaggle. https://www.kaggle.com/

[7] Keras リリースノート. https://github.com/keras-team/keras/releases/, https://github.com/fchollet/keras/wiki/Keras-2.0-release-notes/

[8] V. Vapnik. *The Nature of Statistical Learning Theory*. Springer, 1995.

[9] F. Pedregosa, G. Varoquaux, A. Gramfort, V. Michel, B. Thirion, O. Grisel, M. Blondel, P. Prettenhofer, R. Weiss, V. Dubourg, J. Vanderplas, A. Passos, D. Cournapeau, M. Brucher, M. Perrot, and E. Duchesnay. Scikit-learn: Machine learning in Python. *Journal of Machine Learning Research*, Vol. 12, pp. 2825–2830, 2011.

[10] L. Buitinck, G. Louppe, M. Blondel, F. Pedregosa, A. Mueller, O. Grisel, V. Niculae, P. Prettenhofer, A. Gramfort, J. Grobler, R. Layton, J. Vanderplas, A. Joly, B. Holt, and G. Varoquaux. API design for machine learning software: experiences from the scikit-learn project. *ECML PKDD Workshop: Languages for Data Mining and Machine Learning*. pp. 108–122, 2013.

[11] C. Cortes and V. Vapnik. Support-vector networks. *Machine Learning*, Vol. 20, No. 3, pp. 273–297, 1995.

[12] W. Karush. Minima of functions of several variables with inequalities as side conditions. *Master thesis, University of Chicago*, 1939.

[13] H. Kuhn and A. Tucker. Nonlinear programming. *Second Berkeley Symposium on Mathematical Statistics and Probability*. pp. 481–492, UC Press, 1951.

[14] J. Platt. Sequential Minimal Optimization: A Fast Algorithm for Training Support Vector Machines. Microsoft TechReport, MSR-TR-98-14, 1998.

[15] J. Platt. 12 fast training of support vector machines using sequential minimal optimiza-

文　　　献　　　203

tion. *Advances in Kernel Methods-Support Vector Leaning.* pp. 185–208, MIT Press, 1999.

[16] V. Vapnik. *Estimation of Dependences Based on Empirical Data* (Springer Series in Statistics). Springer, 1982.

[17] E. Osuna, R. Freund, and F. Girosi. An improved training algorithm for support vector machines. *Neural Networks for Signal Processing [1997] VII. Proceedings of the 1997 IEEE Workshop.* pp. 276–285. IEEE, 1997.

[18] N. Cristianini and J. S. Taylor 著, 大北剛訳. サポートベクターマシン入門. 共立出版, 2005.

[19] C.-C. Chang and C.-J. Lin. LIBSVM: A library for support vector machines. *ACM Transactions on Intelligent Systems and Technology*, Vol. 2, No. 3 pp. 27:1–27:27, 2011. Software available at http://www.csie.ntu.edu.tw/~cjlin/libsvm/

[20] T. Chen and C. Guestrin. XGBoost: A scalable Tree Boosting System. *Proceedings of the 22nd ACM SIGKDD International Conference on Knowledge Discovery and Data Mining*, pp. 785–794, 2016.

[21] J. Friedman, T. Hastie, and R. Tibshirani. *The Elements of Statistical Learning: Data Mining, Inference, and Prediction*, Second Edition. Springer, 2009.

[22] C. Bergmeir and J. Benítez. On the use of cross-validation for time series predictor evaluation. *Information Sciences*, Vol. 191, pp. 192–213, 2012.

[23] Z.-H. Zhou and J. Feng. Deep forest: Towards an alternative to deep neural networks. *arXiv preprint arXiv:1702.08835*, 2017.

[24] D. H. Wolpert. Stacked generalization. *Neural networks*, Vol. 5, No. 2, pp. 241–258, 1992.

[25] A. Colorni, M. Dorigo and V. Maniezzo. Distributed optimization by ant colonies. *Toward a Practice of Autonomous Systems: Proceedings of the First European Conference on Artificial Life.* MIT Press, 1992, Vol. 9, pp. 134–142, 1989.

[26] K. Maekawa, N. Mori, H. Tamaki, H. Kita and Y. Nishikawa. A genetic solution for the traveling salesman problem by means of a thermodynamical selection rule. *Transactions of the Society of Instrument and Control Engineers*, Vol. 33, No. 9, pp. 939–946, 1997.

[27] C. Bishop. *Pattern Recognition and Machine Learning* (Information Science and Statistics). Springer, 2006.

[28] I. Goodfellow, Y. Bengio, and A. Courville. *Deep Learning.* MIT Press, 2016. http://www.deeplearningbook.org (書籍版は同出版社, Adaptive Computation and Machine Learning series より出版されている.)

[29] 岡谷貴之. 深層学習. 講談社, 2015.

[30] 神嶌敏弘編著. 深層学習—Deep Learning—. 人工知能学会監修, 近代科学社, 2015.

[31] P. Baldi and P. Sadowski. Understanding dropout. *Advances in Neural Information Processing Systems 26*, pp. 2814–2822, 2013.

[32] G. E. Hinton and R. R. Salakhutdinov. Reducing the dimentionality of data with neural networks. *Science*, Vol. 313, pp. 504–507, 2006.

[33] S. Moro, P. Cortez, and P. Rita. A data-driven approach to predict the success of bank telemarketing. *Decision Support Systems*, Vol. 62, pp. 22–31, 2014.

[34] pandas: powerful Python data analysis toolkit. http://pandas.pydata.org/pandas-docs/stable/

[35] W. McKinney. pandas: a foundational python library for data analysis and statistics.

[36] 室町幸雄編著. 金融リスクモデリング—理論と重要課題へのアプローチ—. 朝倉書店, 2014.

[37] 山下智志, 川口昇, 敦賀智裕. 信用リスクモデルの評価方法に関する考察と比較. 金融庁金

融研究研修センター, ディスカッションペーパー, 2003.

[38] J. Heaton, N. Polson, and J. Witte. Deep learning in finance. *arXiv preprint arXiv:1602.06561*, 2016.

[39] M. Zikeba, S. Tomczak, and J. Tomczak. Ensemble boosted trees with synthetic features generation in application to bankruptcy prediction. *Expert Systems with Applications*, Vol. 58, pp. 93–101, 2016.

[40] S. Tomczak. Comparative analysis of liquidity ratios of bankrupt manufacturing companies. *Business & Economic Horizons*, Vol. 10, No. 3, 2014.

[41] S. Tomczak. The early warning system. *Journal of Management and Financial Sciences*, Vol. 7, No. 16, pp. 51–74, 2014.

[42] S. Tomczak. Comparative analysis of the bankrupt companies of the sector of animal slaughtering and processing. *Equilibrium*, Vol. 9, No. 3, pp. 59–86, 2014.

[43] J. Fitzgerald. Top funded real estate tech companies of 2016. http://www.propertyportalwatch.com/top-funded-real-estate-tech-companies-2016/

[44] HOME'S VR ゴーグル. http://www.homes.co.jp/vrg/bm/

[45] ソニー不動産, Yahoo! JAPAN. おうちダイレクト. https://realestate.yahoo.co.jp/direct/

[46] ソニー不動産. 不動産価格推定エンジン. https://sony-fudosan.com/tech/

[47] 株式会社フィナンシャルドゥ. https://www.financialdo.co.jp/

[48] 山陽鑑定コンサルタント株式会社. 不動産鑑定評価の問題点 11 賃貸事例比較法. http://www.sanyokantei.co.jp/?p=135

[49] 国土交通省. 不動産鑑定評価基準. http://www.mlit.go.jp/common/001043585.pdf

[50] 神崎清志, 佐々木剛. キャップレートモデルと不動産金融におけるリスク管理について. 不動産証券化ジャーナル, July-August 2009, pp. 80–87, 2009.

[51] 清水千弘. ヘドニック・アプローチ. http://www.cs.reitaku-u.ac.jp/sm/shimizu/Lecture/University/RealEstateFinance/Hedonic.pdf

[52] 国土交通省. 不動産取引価格情報取得 API. http://www.land.mlit.go.jp/webland/api.html

[53] 一般社団法人不動産証券化協会 (ARES). 統計データ. http://j-reit.jp/statistics

[54] 東京都総務局統計部. 東京都の統計. http://www.toukei.metro.tokyo.jp/

[55] D. Cutler, J. Poterba, and L. Summers. What moves stock prices? *The Journal of Portfolio Management*, Vol. 15, No. 3, pp. 4–12, 1989.

[56] R. Roll. R-squared. *The Journal of Finance*, Vol. 43, No. 2, pp. 541–566, 1988.

[57] T. Berry and K. Howe. Public information arrival. *The Journal of Finance*, Vol. 49, No. 4, pp. 1331–1346, 1994.

[58] P. Tetlock. Giving content to investor sentiment: The role of media in the stock market. *The Journal of Finance*, Vol. 62, No. 3, pp. 1139–1168, 2007.

[59] 沖本竜義, 平澤英司. ニュース指標による株式市場の予測可能性. 証券アナリストジャーナル, Vol. 52, No. 4, pp. 67–75, 2014.

[60] 山本裕樹, 松尾豊. 景気ウォッチャー調査の深層学習を用いた金融レポートの指数化. 第30回人工知能学会全国大会論文集, 2016.

[61] 山本裕樹, 水門善之, 木下智夫. 人工知能で政府・日銀の景況感を指数化する. NOMURA マクロ・エコノミック・インサイト, 2015.

[62] 五島圭一, 山田哲也, 高橋大志. 畳み込みニューラルネットワークを用いた日次景況感指数

の構築と資産価格変動との関連性. 日本ファイナンス学会第 25 回大会論文集, 2017.

[63] Aaron7sun (Aaron Jiahao Sun). Daily News for Stock Market Prediction. https://www.kaggle.com/aaron7sun/stocknews/

[64] Reddit worldnews channel. https://www.reddit.com/r/worldnews/

[65] S. Bird, E. Klein, and E. Loper. *Natural Language Processing with Python: Analyzing Text with the Natural Language Toolkit.* O'Reilly Media, 2009. (邦訳：入門 自然言語処理 (萩原正人, 中山敬広, 水野貴明訳). オライリージャパン, 2011.)

[66] M. Porter. An algorithm for suffix stripping. *Program*, Vol. 14, No. 3, pp. 130–137, 1980.

[67] M. Toman, R. Tesar, and K. Jezek. Influence of word normalization on text classification. *Proceedings of InSciT*. pp. 354–358, 2006.

[68] S. Raschka. *Python Machine Learning: Unlock Deeper Insights into Machine Learning with This Vital Guide to Cutting-edge Predictive Analytics.* Packt Publishing, 2015.

[69] Andreas Mueller. Wordcloud. https://github.com/amueller/word_cloud/

[70] David Heeger. Perception Lecture Notes: LGN and V1. http://www.cns.nyu.edu/~david/courses/perception/lecturenotes/V1/lgn-V1.html

[71] 山下隆義. イラストで学ぶディープラーニング. 講談社, 2016.

[72] 岡谷貴之, 斎藤真樹. ディープラーニング. 情報処理学会研究報告, Vol.2013-CVIM-185, No.19, pp. 1–17, 2013.

[73] T. Mitchell. *Machine learning.* McGraw Hill, 1997.

[74] D. P. Kingma and J. L. Ba. Adam: A Method for Stochastic Optimization, https://orxiv.org/pdf/1412.6980.pdf

[75] クジラ飛行机. Python によるスクレイピング＆機械学習 開発テクニック―BeautifulSoup, scikit-learn, TensorFlow を使ってみよう―. ソシム, 2016.

[76] CUDA Toolkit download. https://developer.nvidia.com/cuda-downloads

[77] NVIDIA cuDNN. https://developer.nvidia.com/cudnn

[78] TensorFlow. Installing TensorFlow. https://www.tensorflow.org/install/

[79] Theano の公式ウェブサイト. http://deeplearning.net/software/theano/

索　引

欧　文

AdaGrad　71
Anaconda　181
AUC スコア　92

Bag of Words (BoW)　120
Beautiful Soup (bs4)　146

CART　12
Chainer　180
Chunking　8
CNTK　181
CUDA　74, 187
cuDNN　75, 187

DCF 法　100

Exact Greedy Algorithm　23

F1 スコア　86
FLOPS　75
FPR　92
F 尺度　86
F 値　86

gcForest　39
GitHub　187
Graphviz　191

IDF　121

k-means 法　3

Keras　181
KKT 条件　7

Lasso　106
Leaky ReLU　59
Lp プーリング　137
LSTM　77

maxout 関数　59
Mosquito Algorithm　51
msysGit　187
MXNet　181

NLTK　120

one-hot 表現　143
Osuna's method　8

QoS　51

ReLU　58
Ridge　106
ROC　92
RPA　177

shape　170

tanh 関数　58
TensorFlow　180
TF　121
TF-IDF　121
Theano　181
TimeSeriesSplit　176

索　　引　　207

TPR　92

Visual Studio 2015　187
VoIP　51

WordCloud　123

XGBoost　19, 25

あ　行

蟻コロニー最適化　50
アルゴリズムトレード　117
アンサンブルモデル　11, 15

1 次元配列化　129

重みづけ分位点　24
重みパラメータ　55

か　行

回帰木　12
学習曲線　32, 73
学習率　3
学習率パラメータ　63
確率的勾配降下法　63
隠れ層　56
カスケードフォレスト　42
活性化関数　55, 58
カーネル関数　7
カーネル法　7

偽陰性　85
逆伝播公式　66
教師あり学習　1
教師なし学習　1
偽陽性　85

グリッドサーチ　2, 87
クロスエントロピー　14
群知能　50
訓練誤差　73

決定係数　105
検証誤差　73

勾配降下法　63
勾配消失問題　69
誤差関数　60, 62
誤差逆伝播法　65
コールバック関数　143
混合行列　85
根ノード　12

さ　行

再帰型ニューラルネットワーク (RNN)　76
再現率　85
最大値プーリング　136
最尤法　61
サポートベクターマシン　5
サポートベクトル　7

自己符号化器　71
事前学習　72
ジニ指数　14
集団思考　50
縮小法　22
情報利得　14
真陽性　85
信用リスク　89
信用リスクモデル　88

スタッキング　47
ストップワードの除去　120
ストライド　134
スラック変数　6

正解率　85
正則化　22, 70
正則化関数　21
正則化パラメータ　106
絶対値プーリング　137
ゼロパディング　134

早期終了　73
双対表現　6

索　　引

ソフトマージン法　6
ソフトマックス関数　60, 62
疎ベクトル　120

た　行

多クラス分類　62
多重共線性　83
畳み込み層　129, 131
多粒子スキャニング　39

逐次最小問題最適化法　5, 8
中間層　56
中間ノード　12
直接還元法　100

ディープフォレスト　39
適合率　85
デフォルト　88

統計的アプローチ　89
特徴ベクトル　123
ブートストラップ標本　16
トレーディングデスク　117
ドロップアウト　70

な　行

内部格付モデル　89

2次計画問題　6
ニューラルネットワーク　53
ニューロン　53

は　行

バイアスパラメータ　55
ハイパーパラメータ　2, 36
バギング　15, 16
パディング　132
葉ノード　12
汎化性能　2

不純度　14
ブースティング　20
ブースティング木 (勾配ブースティング)　19
フリーパラメータ　2
プーリング層　129, 136
分解アルゴリズム　8
分類木　12, 14

平均値プーリング　137
平均二乗誤差　105
ベルヌーイ分布　61
変数の重要度　19

ホールドアウト法　87, 175

ま　行

マージン　5

見出し語化　120
ミニバッチ　71

メタパラメータ　2

モデルパラメータ　2

や　行

尤度関数　61

ら　行

ラグランジュ乗数　6
ランダムサーチ　2
ランダムフォレスト　15

リスクプレミアム　89

ロジスティック関数　58, 60

わ　行

ワードステミング　120

監修者

津田 博史 (つだ ひろし)

1959 年　京都府に生まれる
1983 年　京都大学工学部卒業
1985 年　東京大学大学院工学系修士課程修了　工学修士
1999 年　総合研究大学院大学数物科学研究科博士課程修了
現　在　同志社大学理工学部数理システム学科教授　博士（学術）
　　　　日本金融・証券計量・工学学会（JAFEE）代議員，前会長
　　　　情報・システム研究機構 統計数理研究所客員教授
　　　　京都大学大学院医学研究科嘱託講師

編著者

嶋田 康史 (しまだ やすふみ)

1960 年　京都府に生まれる
1983 年　東京大学経済学部卒業
現　在　株式会社新生銀行エグゼクティブアドバイザー
　　　　日本金融・証券計量・工学学会（JAFEE）代議員，日本証券アナリスト協会検定会員
「A Note on Construction of Multiple Swap Curves with and without Collateral」（藤井優成・高橋明彦と共著，FSA
リサーチ・レビュー第 6 号，金融庁金融研究研修センター，2010 年 3 月発行）
棚田草刈りアート日本選手権　2015 年優勝，2016 年準優勝，2017 年 3 位

著 者

鶴田 大 (つるた まさる)

1987 年　三重県に生まれる
2009 年　東京工業大学工学部経営システム工学科卒業
　　　　四大学連合複合領域コース・技術と経営コース
　　　　修了
2013 年　一橋大学大学院国際企業戦略研究科金融戦略・
　　　　経営財務コース（MBA）修了
現　在　株式会社新生銀行 グループ統合リスク管理部
　　　　マネージャー
　　　　一橋大学大学院国際企業戦略研究科金融戦略・
　　　　経営財務コース博士後期課程
　　　　日本証券アナリスト協会検定会員，統計検定 1
　　　　級

藤原 暢 (ふじわら みつる)

1990 年　秋田県に生まれる
2012 年　首都大学東京都市教養学部都市教養学科経営学
　　　　系卒業
2014 年　東京大学大学院経済学研究科金融システム専攻
　　　　修了
　　　　修士（経済学）
現　在　株式会社新生銀行 市場金融部
　　　　日本証券アナリスト協会検定会員，基本情報技
　　　　術者，応用情報技術者，東京大学グローバル消
　　　　費インテリジェンス寄付講座修了

河合 竜也 (かわい たつや)

1990 年　愛知県に生まれる
2013 年　同志社大学理工学部数理システム学科卒業
2015 年　同志社大学大学院理工学研究科数理環境科学専
　　　　攻修了
　　　　修士（理学）
現　在　株式会社新生銀行 不動産ファイナンス部
　　　　不動産証券化協会認定マスター
2014 年　IEEE Young Researcher Award 受賞

FinTech ライブラリー
ディープラーニング入門
―Python ではじめる金融データ解析― 　　　定価はカバーに表示

2018 年 5 月 25 日　初版第 1 刷

監修者	津	田	博	史	
編著者	嶋	田	康	史	
発行者	朝	倉	誠	造	

発行所　株式会社 朝 倉 書 店

東京都新宿区新小川町 6-29
郵 便 番 号 　162-8707
電 話 　03(3260)0141
ＦＡＸ 　03(3260)0180
http://www.asakura.co.jp

〈検印省略〉

ⓒ 2018〈無断複写・転載を禁ず〉　　　　　中央印刷・渡辺製本

ISBN 978-4-254-27583-4　C 3334　　　Printed in Japan

JCOPY ＜(社)出版者著作権管理機構 委託出版物＞

本書の無断複写は著作権法上での例外を除き禁じられています．複写される場合は，
そのつど事前に，(社) 出版者著作権管理機構 (電話 03-3513-6969，FAX 03-3513-
6979，e-mail: info@jcopy.or.jp) の許諾を得てください．